부자,
관상,
기술

부자, 관상, 기술

김영한 지음

쌤앤파커스

'대투자 시대'에 당신이 꼭 알아야 할 기술들

▷ 코로나 팬데믹 이래로 동학·서학 개미운동이 일어나고, 투자 관련 책들이 홍수가 쏟아지고 있습니다. 홍수처럼 쏟아지는 투자서 대부분은 투자자의 심리를 다룹니다. 투자자의 입장에서 가져야 할 마음가짐이나 원칙 등을 논하지요. 하지만 지피지기면 백전불태라고, 투자할 기업의 입장을 헤아려볼 필요도 있지 않을까요? 그래서 이 책에서는 투자할 기업의 우두머리, CEO의 심리를 살펴보고자 합니다.

아무리 구조화되고 의사결정 체계가 잘 갖춰진 기업이라고 해도 CEO 한 명의 의사결정에 따라서 회사, 나아가 나라의 운명까지 좌우되는 현상을 너무나도 많이 봐왔습니다. 하지만 투자 이론적 관점으로 봤을 때 이런 현상은 그저 '포트폴리오 구축해서 분산투자 하면 되니까 크게 신경 쓸 일이 아니다'라고들 이야기합니다. 당연히 우리들의 일상생활에서 피부에 와 닿는 현실과는 괴리가 큰 말입니다.

현실의 이야기를 조금 더 해보죠. 멀리 갈 것도 없이 여러분 회사 CEO의 성향에 따라 조직의 문화나 분위기는 물론, 회사의 전략적 선택이 달라지고, 그에 따라 기업의 주가도 요동칩니다. CEO의 일거수일투족이 각종 미디어에 뜨고, 심지어 그들이 직접 SNS에 말을 얹는 시대가 되었습니다. 이런 일들을 어떻게 받아들이고 해석해야 할까요?

조금 더 세부적으로 들어가서, 우리 회사 사장님의 얼굴을 보며 이분이 위험을 얼마나 선호하는지 감 잡을 수 있다면 어떨까요? 여러분의 상사나 동료들에 대해서도 갈피를 잡을 수 있다면 조직 생활이 조금 더 편해지겠죠? 나아가 자기 자신에 대해서도 살필 수 있다면 커리어를 선택하거나, 배우자를 선택하거나, 각종 투자를 할 때도 도움이 되겠죠? 우리 인간의 뇌는 한계가 있어서 요즘 유행하는 MBTI 유형 16가지를 일일이 외고 다닐 수도 없고, 그럴 필요도 없습니다. 대신 '위험 선호' 한 가지 측면에서만 확실하게 감을 잡으시면 됩니다.

여러분이 벤처캐피탈 매니저 혹은 사모펀드 매니저일 경우 투자한 회사의 CEO가 어떤 특질을 가졌는지를 수치화할 수 있다면 위험관리에 적지 않은 도움이 될 겁니다. 벤처 투자는 결국 비즈니스 모델과 창업자, 그 두 가지가 핵심이니까요. 또한 핀테크나 기존의 은행·보험업계측에서는 수천만 개인 고객을 보다 입체적으로 성향 파악을 할 수 있다면 KYC know your client, 고객을 제대로 파악한다는 차원에서도 유용할 겁니다. 즉, 이 책의 내용을 활용해서 내부적으로 연구할 여지가 무궁무진할 겁니다.

이 책은 비정형 데이터를 가지고 CEO 수천 명의 심리·생물학적 특질을 수치화하여 경영 의사결정이나 주가에 어떠한 영향을 미치는지에 대해 지난 12년 넘게 연구한 성과입니다. 그중에서 특히 쉽고 재미있게 느끼실 것들, 또 오늘날 '대투자 시대'에 활용할 수 있는 기술들에 대해서 엮은 것이지요.

전 세계 금융경제학계에서는 지난 20여 년간 행동재무Behavioral Finance 라는 분야가 비약적으로 발전했습니다. 빅데이터 혹은 비정형 데이터를 적극적으로 활용한 성과인 것이지요. 텍스트 마이닝, 이미지 마이닝 등의 기술로 흔히들 '감성'이라 부르는 영역을 수치화할 수 있게 됐거든요. 월스트리트를 비롯한 현업에서는 이러한 학계의 성과를 적용해서 퀀트투자와 로보어드바이저 등 핀테크의 눈부신 발전을 이루는 중입니다. 그 기술들의 현재가 어떤지, 그리고 그 기술들을 활용하려던 근본 아이디어는 무엇인지를, 지금부터 살펴실 수 있을 겁니다.

이 책을 읽으신 후에 여러분의 사람 보는 눈과 귀가 조금이라도 달라졌다면 제 소기의 목적은 달성한 것이겠습니다. 감사합니다.

C O N T E N T S

⑤ 개미가 뭉쳐서 공매도자를 때려잡는 시대

시대를 앞서나간 부자들만 알던 비밀

비둘기로 성공한 로스차일드

▷ 정보는 돈입니다. 그러니 남보다 1초라도 빠르게 정보를 얻고자 최신 정보통신기술을 써먹으려는 것은 은행가의 본능이죠. 그런 최신 정보통신기술과 금융이 합쳐진 것을 핀테크FinTech(Finance+Technology)라고 합니다. 오늘날 핀테크는 금융과 IT의 융합을 뜻하지만, 매 시대에 '남들보다 앞서가는 기술과의 융합'이라는 뜻이기도 하죠. 누구나 한 번쯤은 들어봤을 로스차일드 가문도 200년 전 유럽 최대의 은행가가 된 것 역시 남들보다 앞서서 핀테크를 구사했기 때문이라는 사실을 아시나요? 거기엔 비둘기가 있었습니다. '전서구'라고 부르죠.

로스차일드는 18세기 후반에 프랑크푸르트에서 시작한 유대인 집안입니다. 로스차일드Rothschild라는 이름은 대문에 '붉은Roth 방패Schild' 문양을 걸었다는 의미입니다. 로스차일드 가문의 시조인 마이어 암셸 로스차일드Meyer Amschel Rothschild는 당시 200여 개 나라로 쪼개져 있던 독일 지역의 여러 나라 동전들을 환전하거나, 골동품과 동전을 수집하고 팔아 돈을 벌었습니다.

게토Ghetto라 불리던 유대인 구역에 살던 그에게는 아들이 다섯 있었는데 맏아들은 프랑크푸르트, 둘째는 빈, 셋째는 런던, 넷째는 나폴리, 다섯째는 파리로 나가서 아버지 회사의 지점장 노릇을 하며 살았다고 합니다. 서로 멀리 떨어져서도 신속하게 교신하기 위해서 전서구를 활용하기도 했으며, 사설 집배원 시스템도 구축해서 운용했다고 합니다.

그중에서도 영국으로 간 셋째 네이선은 공격적인 사업 수완으로 큰 성공을 거두었습니다. 그는 당시 영국에서 먼저 일어난 산업혁명의 물결을 타고 영국의 모직물을 싼 값에 대량으로 사들여서 유럽에 파는 포목상을 운영했습니다. 그렇게 해서 어마어마한 돈을 벌자 자연스럽게 은행업을 시작하게 되었죠. 심지어 워털루 전투 때 나폴레옹과 맞선 영국의 웰링턴 장군을 위해 군자금으로 금괴를 운반해주기도 했다고 알려져 있습니다.

당시 프랑스 혁명이 민주주의 혁명임에도 불구하고 입헌군주국인 영국은 탐탁지 않게 여겼습니다. 프랑스가 유럽 대륙의 최강자로 떠오르면 영국이 프랑스를 감당할 수 없게 될 것이라는 위기감 때문이었습니다. '국익이 우선'이라는 것이죠. 그래서 영국은 프랑스 혁명 직후 몰락하거나 위기에 처한 유럽의 왕가들을 후원해줍니다. 지금도 런던의 로스차일드 별장에 가면 혁명군에 목이 잘렸던 루이 16세의 초상화가 놓여 있고, 프랑스 왕가의 소장품들도 있습니다. 그러다 보니 영국은 나폴레옹한테 미운털이 박힐 수밖에요.

나폴레옹은 영국을 곤경에 빠뜨리기 위해서 '대륙봉쇄령'을 내립니다. "영국, 너희들이 모직물로 돈 좀 버는 모양인데, 수입 금지로 산업부터 말려주마"라고 한 것이죠.

대륙봉쇄령의 직격탄을 맞은 사람이 바로 네이선입니다. 모직물 수입으로 먹고살았는데, 그걸 금지시키다니요! 그렇다고 당하고만 있을 네이선이 아니었습니다. 기존에 자신들이 가지고 있던 전서구와 사설 집배원 네트워크를 활용해서 금수조치를 강행하는 프랑스 경비들을 따돌리고 비밀스럽게 모직을 밀수해서 장사를 계속했습니다. 또한, 중간에 프랑스 군인한테 걸리더라도 편지 내용이 암호화돼 있으면 좋겠죠? 그래서 유대인의 언어인 히브리어로 쓴 겁니다. 유대인들만 알아볼 수 있으니 암호일 수밖에요.

그렇게 해서 밀수를 계속하고, 영국의 웰링턴 장군이 나폴레옹에게 최후의 한 방을 먹이는 워털루 전투가 벨기에서 벌어질 당시, 영국군의 군자금을 조달하기 위한 금괴 수송 등에도 로스차일드의 비밀 금융 네트워크가 활약한 겁니다. 웰링턴 장군이 승전을 한 후에 로스차일드 다섯 형제는 유럽 곳곳의 중심지에 퍼져서 활약했습니다. 그러다 보니 계속 승승장구해서 메테르니히의 빈체제에 관련된 거의 모든 왕가의 금융 서비스를 해주는 존재가 되었고, 명실상부 유럽의 최강 뱅커가 된 것이죠.

그들의 핀테크가 더욱 빛을 발한 분야는 각종 금융상품 트레이드입니다. 금값도 어디가 더 비싸고 싼지를 누구보다 빨리 알릴 수 있었으니까요. 24K 금 1온스의 값이 런던보다 파리에서 더 쌀 때 파리에서 다섯째가 금을 사고, 런던의 셋째가 금을 공매도하는 방식으로 집안이 돈을 번 것입니다. 동일한 상품도 지역에 따라 가격이 다른데, 이 차익 거래를 아비트리지arbitrage라고 합니다. 각 나라의 국고채에 대해서도 마찬가지로 아비트리지 거래를 많이 했다고 합니다.

이들의 금융정보 네트워크가 너무나 강하다 보니, 나중에는 유럽의 유서 깊은 왕가, 예를 들어 메테르니히나 샤를 왕조의 왕족들까지도 비밀 소식을 교환할 때 자기 나라의 우편배달 시스템이 아니라 로스차일드에게 맡겼다고 합니다.

상황이 이렇다 보니, 로스차일드 가문은 19세기 유럽의 국제정치에 관한 최고급 정보를 가장 빠르고 쉽게 접근할 수 있었습니다. 앞에서 말했죠? 예나 지금이나 정보는 돈이라고요. 로스차일드 가문은 자연스레 더욱 많은 돈을 벌어들였고, 또한 자기들이 원하는 방향으로 정책이나 외교가 이루어지도록 영향력을 발휘할 수 있었습니다. 그래서 19세기 말, 20세기 초에는 각종 음모론의 배후세력으로 로스차일드가 지목되기도 했죠.

이처럼 최첨단의 정보기술을 금융에서 적극적으로 활용하는 것은 뱅커들의 생리입니다.

비둘기 때문에 망한 로스차일드

▷ 200년 전의 그 으리으리한 영향력에 비하면, 오늘날 로스차일드는 존재감이 크게 줄었습니다. 런던에 있는 로스차일드 은행은 영국의 중앙은행인 영란은행에서 가장 가까운 자리, 정문 맞은편 블록 안쪽 뉴코트New Court에 있는데, 이제는 더 가까운 길 건너에 뱅크오브차이나Bank of China가 들어섰습니다. 글로벌 금융의 강자가 누구인지를 보여주는 단면입니다.

레오나르도 디카프리오 주연의 영화 〈울프 오브 월스트리트The Wolf of Wall Street〉를 보면 실존 인물이자 주인공 조던 벨포트Jordan Belfort가 처음에 일하는 은행이 '로스차일드'로 나옵니다. 이는 미국의 L. F. 로스차일드로, 유럽의 로스차일드 가문과 아무런 관련이 없습니다. 그나마도

1987년 블랙먼데이 폭락과 함께 역사 속으로 사라졌고요.

저도 몇 년 전 런던의 로스차일드 본사를 찾아갔는데, 간판이 없어서 여기가 맞는지 헷갈릴 정도였습니다. 빨간 방패에 화살 문양이 새겨진 작은 상징물과 200년 전 다섯 형제의 얼굴 그림들이 1층 로비 유리창에 드리워져 있어서 간신히 알아볼 수 있었죠.

제가 그 앞에서 셀카를 찍었더니 아주 험상궂은 경호원이 와서 "뭐 하는 짓이냐?"며 쫓아내더군요. 아마도 많은 반유대주의자의 상징적인 타깃이 되다 보니, 테러리스트 공격을 받을까 염려해서 그런 것 같습니다. 물론 당시 제 행색이 딱 봐도 없어 보여서 쫓아낸 것일 수도 있지만요. UBS나 다른 글로벌 투자은행들의 런던 지사 앞에서는 아무리 셀카를 찍어도 경호원들이 그렇게 달려들지는 않았거든요.

그도 그럴 것이 1차 세계대전 당시 영국의 외무부 장관 밸푸어^{Arthur James Balfour}가 유대인들에게 "너희들의 땅 시온으로 돌아가도록 이스라엘 땅을 빼주겠다"고 약속하는 편지를 다른 누구도 아닌 월터 로스차일드 경에게 주었습니다. 그 유명한 '밸푸어 선언'이죠. 19세기 유럽에서 불어 닥친 각국의 민족주의 때문에 곳곳에 흩어져 살던 유대인들은 괴롭힘을 당했습니다. 유대인들도 나라에 모여 살아야겠다는 생각을 했고, 그러한 움직임이 시오니즘으로 나타났는데, 영국에서는 월터 로스차일드 경이 그 구심점 역할을 했거든요. 그리고 로스차일드가 이스라엘 건국에 다방면으로 중요한 역할을 했습니다. 1980년대 초에는 이스라엘의 지폐에도 에드몽 드 로스차일드의 얼굴이 들어갈 정도였죠. 그러다 보니 로스차일드는 반유대주의의 타깃이 될 수밖에요.

핀테크로 흥한 자 핀테크로 망한다

로스차일드는 1차 세계대전이 끝난 1930년대에 몰락의 길을 걸었습니다. 그들은 왜 쇠퇴했을까요? 물론 독일이나 이탈리아에 있던 로스차일드 가문은 히틀러와 무솔리니 때문에 쇠퇴할 수밖에 없었죠. 하지만 타 지역의 로스차일드 가문까지 쇠퇴한 것은 이상하지 않나요? 니얼 퍼거슨의 책을 보면 그 이유가 몇 가지 나옵니다.

첫 번째는 '새 시대의 핀테크에 적응하기를 거부해서'입니다. 로스차일드 가문 사람들은 자신들의 전서구와 사설 우편 시스템이 빠르고 정확하다는 것에 지나치게 안주한 나머지 로이터Reuters 통신 같은 회사들이 쓰는 타이프라이터, 텔렉스 등을 거부했다고 합니다. 심지어 전화도 거부했다고 하죠. 굳이 손으로 쓴 히브리어 편지를 옛날 스타일로 봉해서 도장까지 "꿍!" 찍어 보내기를 고집했으니 남들보다 소식이 느려지고 돈 벌 기회도 놓칠 수밖에 없겠죠. 쉽게 말해 새로운 기술을 거부해 쇠퇴한 셈입니다.

둘째는 배가 불러서입니다. "부자는 망해도 3년은 간다"는 말이 있죠. 그래서 더 무서운 겁니다. 느린 만큼 확실하게 재기불능으로 쇠퇴하기 때문입니다. 로스차일드는 19세기 말까지 쌓아놓은 재산이 너무 많아서 1930년대에 돈을 좀 잃어도 별로 절박하지 않았을 것입니다. 저는 19세기에 로스차일드가 런던 근처 워즈던Waddesdon에 지은 별장에 가봤습니다. 으리으리한 궁궐 같은 시설에 마룻바닥마다 스팀 난방이 설치되어 있고, 수세식 변소도 있더군요. 흥선대원군이 근정전을 중건하다가 국고가 텅텅 비었던 바로 그 시기에 지은 별장입니다. 규모도 어마어마해서 별장 하나가 18홀 골프 코스만큼 넓습니다. 다해서 120에 이커, 즉 15만 평 크기라고 합니다. 그런 별장이 유럽에만 무려 40개가 넘었다죠. 이들이 소유한 보르도 지방의 와이너리에서 생산된 샤토 라피트 로쉴드Chateau Lafite de Rothschild는 '신의 물방울'이라 불리며 1병당 수천만 원에 팔리는 최고급 와인으로 통합니다.

그렇게 유럽에서 부와 권력을 누리며 안주하다 보니 새로운 도전이나 시도도 사라져갔습니다. 당시 로스차일드 도련님들은 미국 뉴욕에 지사를 세워 파견근무를 나갔는데, 3년 만에 사업을 접고 고향 유럽으로 돌아왔다죠. 수세식 변소도 없는 와일드 웨스트에 적응이 안 됐을 것입니다. '강도 귀족Robber Barron'이라 불리는 껄렁한 졸부들도 꼴 보기 싫었을 테고요. 그래서 그들은 미국 서부 개척이라는 위험하고도 대단한 기회에 투자하지 못했고, 그 결과 J. P. 모건이나 골드만삭스 같은 경쟁자들에게 서서히 뒤처지게 됩니다.

마지막 이유는 폐쇄적인 인재 등용입니다. 일단 천문학적인 돈을 벌어놓으면 이 돈을 뺏길까 봐 전전긍긍하게 되는 것이 인지상정입니다. 벌어둔 돈을 지키기 위해서는 믿을 만한 사람이 필요합니다. 여기서 문제가 발생합니다. 믿을 만한 사람이란 결국 혈연 관계밖에 없다고 믿는 거죠. 그래서 자꾸 가까운 친척들만 뱅커로 일을 시킵니다.

물론 1대와 2대의 로스차일드는 매우 명석하고 뛰어났습니다. 하지만 세대를 거듭할수록 실력과 경쟁력이 점점 떨어졌습니다. 아버지는 공격적이고 명석한 뱅커였지만, 아들들의 명석함은 은행업이 아니라 예술이나 학문에서 발현되는 경우가 많았다고 합니다. 그러다 보니 '눈 감으면 코 베어 가는' 금융시장의 정보 네트워크에서 점차 밀려날 수밖에 없었겠죠. 상황이 그러면 새로운 외부 인재를 등용해야 하는데, 그게 잘 안 됐다는 겁니다.

이는 로스차일드만의 문제가 아닙니다. 전 세계 부자 가문의 공통된 문제죠. 중국이나 인도 등의 세계적으로 유명한 사업가 가문은 과거부터 근친혼을 많이 했습니다. 남에게 사기당하지 않으려는 몸부림이라고 봐야겠죠. 문제는 자꾸 근친혼을 하다 보니 인재풀이 점점 좁아질 수밖에 없다는 것입니다.

유대인이 더 안타까운 것은, 유럽 국가에 기독교인이 많다 보니 유대인을 멸시하고 천대해 이들과의 결혼은 생각도 할 수 없었고, 부자인 유대인이라고 예외는 아니었다는 점입니다. 사회·경제적으로 이미 지위가 높은 유럽인의 입장에서는 굳이 유대인과 결혼할 이유가 없던 것이죠.

그렇다고 주변의 유대인과 결혼하기도 쉽지 않았다고 합니다. 우리가 알고 있는 바와 달리 절대다수의 유대인은 여전히 가난했기 때문이죠. 그러니 생활 수준이 맞지 않는 이웃의 동족과도 결혼을 못 했습니다. 그보다는 이웃 나라에 사는 부유한 친척 유대인들과 맺어질 가능성이 높았죠. 자연히 근친결혼이 잦아지고 삼촌과 조카가 결혼하는 등 족보가 꼬이며 웃지 못할 상황들이 로스차일드 가문에서도 벌어지게 됩니다.

더 큰 문제는 근친결혼으로 낳은 자녀들입니다. 아시다시피 근친혼으로 태어난 아기에게는 선천적 장애나 유전 질환이 많습니다. 뱅킹 비즈니스의 경쟁력은 건강과 지능인데, 건강이 점차 안 좋아지고 질환도 늘어나니 당연히 차질이 생기겠죠. 특히나 해외 출장도 잦은 업종인데, 병약한 도련님들이 일을 직접 챙기지 못하게 되고, 그래서 쇠퇴했다는 겁니다.

대형 펀드일수록 흙수저 출신을 더 많이 뽑았다

조금 다른 이야기이지만, 금융업에서 '탕평책'이 얼마나 중요한지는 최신 재무연구에서도 잘 드러납니다. 애리조나 주립대 데니스 소슈라 Denis Sosyura 교수 연구팀은 미국 뮤추얼 펀드매니저들의 출신 집안 데이터를 모으고 분석했습니다. 쉽게 말해 금수저와 흙수저 중 누가 더 성과를 잘 내는가를 따져보았다는 말입니다. 분석결과 흙수저 출신의 성과가 더 좋았습니다.

금수저 출신들이 펀드 업계에서 더 쉽게 일자리를 구하는 것은 사실이지만, 성과는 달랐습니다. 하지만 사람을 뽑고 훈련시키고 승진시키는 시스템이 잘 구축된다고 합니다.

그리고 학벌이나 경력, 펀드의 리스크 벤치마크 등 생각할 수 있는 모든 요소를 계량적으로 통제하고서 다시 분석해봐도 결과는 비슷했습니다. 흙수저 출신의 펀드매니저들이 금수저 출신보다 알파alpha, 펀드 퍼포먼스 지표가 연평균 1.36% 높았고 실적에 따라 더 민감하게 승진도 잘했다는 결과가 나왔습니다.

연구팀은 금수저 출신들이 펀드 회사에 스카우트됐다고 해서 딱히 더 많은 돈을 끌어모으는 것도 아닌데, 오히려 그들을 우대하여 선발한다는 것이 '대리인 문제agency problem'의 증거가 아닐까 하는 의심을 던졌습니다. 금수저 출신이 일자리를 더 쉽게 구하는 것은 지배 구조가 비교적 허술할 수밖에 없는 소형 펀드에서 알음알음으로 사람을 뽑다 보니 그렇게 된 것이라고 합니다.

아무리 뱅킹이 신뢰 장사이고 핏줄만큼 강한 신뢰는 없다지만, 롱런을 위해서는 인재풀을 개방적으로 유지해야 합니다. 비슷한 배경을 가진 사람, 아는 사람만 뽑는 폐쇄적인 채용이 아니라 여러 배경을 가진 사람들을 뽑고 윗자리로 발탁해야 경쟁력이 높아집니다.

결국 금융업에서도 늘 깨어 있는 회사, 새로운 정보통신기술을 사업에 적용하고, 새로운 인재들을 차별 없이 널리 등용하는 회사들이 오래 간다는 것을 로스차일드의 역사가 말해줍니다.

"NO!"라고 말할 수만 있었다면…

▷ AI와 데이터 사이언스는 이 시대의 화두입니다. 금융사며 증권사도 AI를 적용한 서비스를 냈다고 엄청 광고합니다. 미래에셋증권 리서치센터는 2021년 9월부터 인공지능 애널리스트가 쓴 보고서를 내놓는다고 하고요. 한투증권은 AI 기술을 기반으로 고객 안내 콜봇과 챗봇을 도입했다고 하죠. 삼성자산운용은 2020년 6월부터 로보애널리스트 회사인 '딥서치'와 협력하여 AI로 종목을 선정하는 '액티브 ETF'라는 상품을 출시했습니다.

하지만 이렇게 남들이 모두 한 방향으로 쏠려갈 때일수록 균형감각을 일깨워서 반대쪽도 살펴봐야 합니다. 과연 모두가 몰려가는 저 방향이 옳은 것인가? 혹시 '물 들어올 때 노 저어라' 하는 식으로 무언가 엉성한 것을 슬쩍 끼워팔지는 않나? 한 금융그룹에 속한 AI 회사의 사례가 대표적인 반면교사입니다. 한번은 이 회사에서 이런 광고를 했습니다.

"미국 주가지수 S&P500 수익률을 AI로 예측해보니, 짐바브웨 물가지수가 아주 강력하더라! 왜 그런지는 모른다. 블랙박스다. 그것이 AI의 묘미인 거다."

전형적으로 '까마귀 날자 배 떨어진' 상황입니다. 그저 AI라는 유행에 편승해 마케팅한 것이죠. 2008년, 짐바브웨는 하이퍼인플레이션을 겪습니다. 수만 배씩 물가가 상승하는데 통제가 안 되는 상황이었죠. 그래서 짐바브웨는 자국 통화를 미국 달러로 바꿔버립니다. 짐바브웨의 인플레이션율은 당연히 2008년에 폭발적으로 올랐다가 다음 해에 다시 0에 가깝게 수렴했습니다. 그런데 하필이면 2008년에 글로벌 금융위기 사태가 터져서 2009년 초반에 S&P 주가지수가 저점을 찍고 난 후 급반등합니다. 2009년에 주가수익률이 30% 정도까지 높아졌죠. 2008년과 2009년이라는 선후관계$^{lead-lag}$가 있다 보니 이 두 변수 간 회귀분석을 돌리면 당연히 유의미한 상관관계가 잡힐 수밖에 없습니다.

그런데 우리가 무슨 일을 하든 늘 따져봐야 할 것이 있습니다. '내가 백 테스트$^{back\ test}$로 찾은 이 예측이 정말 경제학 혹은 심리학 등의 기초학문 이론에 비추어서 말이 되는가?' 하는 것입니다. 그 고민의 답이 "예!"로 나온 다음에야 안심하고 써먹을 수 있거든요. 그래서 사실 AI의 시대일수록 정작 더 중요한 것은 강력한 자기 고유 영역의 지식, 즉 '도메인 지식$^{domain\ knowledge}$'입니다. 그래서 흔히 데이터 사이언티스트에게 가장 중요한 세 가지 자질은 통계, 프로그래밍, 그리고 도메인 지식이라고 합니다.

하지만 그보다 더 중요한 것이 있습니다. 남들, 특히 위압적인 존재인 보스 혹은 회사 어르신들이 잘못된 분석결과를 가지고 "무엇을 하자!"고 주장할 때 당당하게 맞서서 "안 됩니다!"라고 말할 수 있어야 한다는 것입니다. 물론, 대학에서 "NO!"를 말할 수 있는 인재들을 양성하는 것도 중요하지만, 그런 인재들이 일을 잘하도록 만들기 위해서는 먼저 서로 간에 합리적으로 토론하고 상대방의 의견을 귀담아듣는 조직문화부터 정착시켜야 합니다. 즉, NO라고 말하는 용기를 받아줄 사회가 필요합니다.

'머리에 피도 안 마른 놈들'이 필요하다

어쩌면 앞에서 말한 그 회사에 "아니오!"라고 말할 줄 아는 젊은이들이 있었다면, 아마도 언론에 저렇게 광고를 내지는 않았을 겁니다. 결과가 나오자마자 컴퓨터 사이언스만 아는 보스한테 이렇게 말해야 했다는 것입니다.

"이사님, 짐바브웨 물가는 빼셔야 합니다. 짐바브웨의 물가가 미국 경제나 글로벌 금융시장에 미치는 영향은 거의 없고, 오히려 인과관계는 그 반대 방향이니까요. 그저 우연히 발생했던 극단치 때문에 상관관계가 있어 보이는 것뿐입니다."

이처럼 합리적인 비판으로 잘못된 분석결과를 바로잡은 사람만 있었어도 그렇게 대외적으로 비웃음을 당하지는 않았을 것입니다. 그런데 이것을 아직도 광고에 쓰고 있다는 사실은 실망스럽지 않을 수가 없습니다. 그 조직에 지금 경제학이라는 도메인 지식을 확고히 가진 사람들이 없거나, "아니오!"라고 말할 줄 아는 사람들이 없거나, 아니면 둘 다겠죠? 혹은 다 알면서, 그리고 "아니오!"라고 말할 줄도 알면서, 오직 '약'을 팔기 위해서 그냥 CEO한테 그렇게 나발을 불게 만들었을 수도 있겠다는 의심을 해봤습니다. 하지만 설마 사람들이 그렇게 사악하지는 않겠죠.

저와 친한 교수님이 그 회사를 방문한 적이 있는데, 핵심 그룹은 컴퓨터 사이언스를 하는 개발자들이고, 경영이나 경제를 전공한 사람들이 보좌하는 구조의 조직이었다고 했습니다. 그러니 짐바브웨 어쩌고 하는 결과가 나왔을 때 전문 지식이 없어서 그걸 막지 못한 것은 아닌 듯합니다.

"NO!"라고 말하는 인재가 왜 없을까요? 이에 대해 유럽의 배달 앱 회사인 글로보Glovo에서 개발자로 근무하고 있는 저의 제자 J는 이렇게 말합니다. '머리에 피도 안 마른 놈들이' 감히 NO라고 말하는 용기를 받아주는 문화가 한국 기업에는 없다는 것이 더 근본적인 문제라고요. 우리 회사들에는 커뮤니케이션을 하나의 과정으로 확립해서 경청하고 소통하는 제도가 없다고 합니다. 그저 연공서열, 위계질서를 따지며 겁박하고 투명하게 피드백을 주는 환경도 제도도 없다는 것입니다.

투명하고 안전하게 자신의 의견을 피력할 수 없고, 오직 술자리에서 넌지시 서운했다는 식으로 전달하는 '눈치' 정도가 있어야 한다는 겁니다. 이제 합리적인 MZ세대는 술도 안 먹는데, 고참들이 술자리를 통해서만 터놓고 얘기를 들으려 하면 커뮤니케이션은 더욱 안 되겠죠.

사실 전통적인 금융 기업들이 대체로 좀 보수적이고 권위적이긴 합니다. 그런데 최근에 우리나라 대표적인 빅테크 기업에서 벌어진 몇몇 비극적인 사건을 보면 이처럼 위계질서를 강조하는 조직문화는 전통적인 금융, 제조 기업뿐만 아니라 판교의 테크 기업들에도 깊이 박혀있는 것 같습니다. 기존의 전통 금융 기업과 달리 테크 기업의 장점이라고 꼽았던 것이 '자유로운 조직 분위기' 아니었나요? 이런 회사의 창립자나 리더 그룹이 민주투사들로 유명한 1980년대 학번들이라는 것도 아이러니합니다.

유대인과 한국인의 진짜 차이

모든 인간은 신 앞에 평등한데 왜 "아니오!"라고 말을 못 합니까? 여기서 IT 방면에서 세계적으로 두각을 나타내는 유대인 문화 얘기를 조금 덧붙이겠습니다. 유대인을 부러워하면서 한민족과 동일시하는 분들이 종종 계십니다. 사실 그 동일시는 상당히 아전인수격인 오해이지만, 막을 도리가 없습니다. 약소 민족이던 유대인들이 페르시아나 로마 제국의 점령기에 자기 고향 땅에서 통째로 뿌리 뽑혀서 다른 지역으로 흩어졌던 디아스포라Diaspora를 보면서 지난 일제 강점기 36년을 떠올립니다. 그러면서 유대인들은 두뇌가 우수하여 노벨상을 많이 타기도 하고, 국제금융계와 학계, 예술계 등에서 마치 그들의 독무대가 된 것처럼 최고의 지성을 발휘한다며 대단히 부러워합니다. 우리 민족도 유대인처럼 두뇌가 우수하니, 우리도 그들처럼 최고의 자리에 오르지 못

할 이유가 없다고 벅찬 가슴으로 토로합니다.

그런데 제 생각은 다릅니다. 유대인들이 지금의 저 위치에 이르게 된데에는 많은 내외부적 요소들이 작용했습니다. 그중 가장 중요한 것을 꼽으라고 하면 '신 앞에 만민은 평등하다. 사람은 누구나 실수할 수 있고, 틀릴 수 있다. 그러므로 의문이 생길 때는 지위고하 혹은 나이가 많고 적음을 떠나서 같은 인간 대 인간으로서 당당하게 질문하고 논쟁해서 서로 간에 바로잡도록 해야 한다'라는 정신입니다. 비판 정신이라고도 할 수 있고, 항상 깨어 있는 정신이라고도 할 수 있겠지요.

유대인 가족의 아버지는 매주 하루씩 회당에 아이를 데리고 가서 《토라》와 《탈무드》를 가르치고, 아이는 아버지한테 언제든, 무슨 질문이든 해야 하며, 아버지는 그 질문에 대해 설명해주어야 합니다. 성경에 보면 예수님이 이미 12살에 회당에서 율법학자들 즉, 랍비들과 토론을 했는데 만만치 않은 논리력을 보였다고 합니다. 그게 사실 유대인들의 삶에 배어 있는 것입니다.

그런데 우리는 어떤가요? 뿌리 깊은 장유유서의 인습 때문에 연령차별이 평생 쫓아다닙니다. 하루만 일찍 태어나도 형 노릇 하려 들고, 어려 보이는 사람의 말은 대수롭지 않게 여깁니다. 예의는 일방적으로 강요하는 예의일 뿐이고, 왕 게임을 시전할 뿐입니다. 권위자 앞에서는 납작 엎드려서 절대복종해야 하고, 그런 권위자가 맘에 안 들면, '저 인간 언제 나가나' 달력만 바라보다가 때로는 자기가 먼저 말라죽기도 합니다. 군 생활의 연장선이랄까요. 차라리 제대는 시간이 차면 공평하게 오지만 정리해고나 죽음은 랜덤으로 오며, 이것은 제대보다 인생에서 훨씬 더 중요하다는 점에서 더 심각하죠.

"장유유서는 아름다운 풍습이고 누구나 나이 드는 것은 마찬가지니, 당신도 겸손하게 인내심을 발휘하면 언젠가 당신의 발언권이 강해질 날이 올 것"이라는 '전통'의 논리를 들이대는 사람도 많습니다. 또한 "좋은 게 좋은 거지" 하며 많은 이들이 이에 동조하죠. 저도 그로 인해서 힘든 점도 있지만, 가끔 혜택을 누리기도 하니 받아들입니다. 때로는 기회주의적으로 은근슬쩍 편의를 누리기도 합니다. 그렇게 나이는 그 자체로 우리 삶에서 '우상'이 됩니다. 모든 합리성을 파괴해도 되는 존재가 우상인 만큼, 우리나라에서 나이가 곧 우상입니다.

하지만 이런 권위에 대한 절대복종, 특히 연령이라는 우상에 대한 숭배는 유대인의 관습과 정반대입니다. 신 앞에 만민이 평등하지 않다고 인정하는 꼴이니까요. 오해하지 마십시오. 그렇다고 경로사상이 유대인들에게 없는 것은 아니죠. 십계명에도 '너희 부모를 공경하라'는 것은 있으니까요.

AI, 물론 좋습니다. 저도 그걸 가르치기 위해 스스로 배우는 중이고 재미도 있습니다. 하지만 과도한 AI 선전에 대해서는 항상 이것이 혹시 '약팔이'가 아닌가를 의심해봐야 합니다. 요즘같이 AI가 각광 받는 때에 제 말이 귀에 거슬리는 분도 있겠지만, 과도하게 약을 팔다가 버블이 일어나는 것이고, 언젠가 사람들이 식상해하거나 현실의 한계를 자각하면 '크래시crash'가 옵니다. 그러면 주식시장이 폭락하고 금융위기와 함께 실물경제의 공황이 올 수도 있습니다. 지금 우리가 겪는 것이 그 버블의 끝자락, 터지기 직전의 순간은 아닌지 한 번쯤 의심해봐야 합니다.

AI 시대를 잘 헤쳐나갈 수 있는 인재는 정말 중요합니다. 우리 자신이 그러한 인재가 되어야 할 뿐만 아니라 학생들과 자녀들도 그렇게 키워야 합니다. 그렇다면 코딩보다 먼저 논리적·합리적 추론을 바탕으로 "NO!"라고 떳떳하게, 소신 있게 말하는 용기부터 키워야 하고, 이를 받아주는 사회 분위기를 우리 각자가 만들어 가야 합니다.

이를 위해서는 수시로 계급장 떼고 '끝장토론'을 하는 유대인의 문화가 우리 생활에도 정착돼야 합니다. 아시아에서 거의 유일하게 민주화를 이룩한 나라인데 우리가 그것 하나 못 하겠습니까? 그런데 학계부터 산업현장까지, 끝장토론을 얼마나 자주 하시는지요? 한 살이라도 어린 사람이 여러분 의견에 말대꾸하면, 당장 피가 거꾸로 솟지 않습니까? 그렇다면 우리는 딱 그만큼 준비가 되어 있다고 보면 됩니다.

핀테크의 시조새가 한국에 있었다고요?

▷ '벤처는 역시 핀테크가 대세'라고 많이들 말씀하십니다. 특히 코로나 19 팬데믹이 시작된 이후 시중에 돈이 무제한으로 풀리고 있는데, 마땅히 갈 곳이 없으니 벤처 투자로 큰돈이 몰리고 있습니다. 팬데믹은 우리의 일상뿐만 아니라 기업의 지형도까지 바꾸어놓았습니다. 여행업 같은 오프라인 기업들이 줄줄이 망하고, 온라인 기업, 비대면 서비스 기업들이 승승장구했죠. 그중 최고는 역시 '토스' 같은 비대면 핀테크 기업입니다.

그런데 핀테크의 시조새 격인 회사가 한국에 있었다는 사실을 아는 분은 별로 없습니다. 물론 다른 나라에서도 비슷한 시도가 있었겠지만, 우리는 'O1', '오우-원'이라 부르던 회사를 기억할 필요가 있습니다.

1990년대 중반, '앙드레 리'라는 뱅커가 있었습니다. 한국 이름은 이석진이고, 홍콩 페레그린증권에서 채권담당 사장으로 유명했습니다. 친할머니는 윤보선 전 대통령의 여동생, 친할아버지는 초대 주 프랑스 공사였던 이능섭 씨, 아버지는 이기창 변호사이고, 모친은 프랑스계 캐나다인으로 알려져 있습니다. 그래서 이름도 앙드레^{Andre}라는 프랑스 이름인 거죠.

앙드레 리는 미국에서 자라나 콜게이트 대학을 졸업하고, 홍콩으로 와서 리먼브라더스 채권팀에서 일합니다. 그때도 리먼브라더스는 공격적인 투자로 유명했습니다. 1994년에 페레그린 증권에 스카우트된 후 그는 국제 정크본드 시장에서 과감한 투자로 이름을 날리며 스타 뱅커가 됩니다. 그런데 바로 그런 공격적인 투자 스타일이 인도네시아 국채 몰빵 투자로 이어졌고, 1997년 아시아 금융위기 때 페레그린이 망하는 데도 원인을 제공했습니다.

비록 운이 없어서 '페레그린 파산의 주역'이라는 불명예를 안게 됐지만, 앙드레 리는 얼마 후에 재기를 시도합니다. '인터넷 투자은행'이라는 참신한 아이디어를 제안한 것이죠. 1999년 당시 인터넷이 한참 뜨기 시작했는데, 비대면으로 전자상거래를 하는 아마존, 이베이 같은 소매업 회사들이 혜성처럼 나타나 발돋움하던 때였습니다. 물론 은행업에서도 영국의 에그뱅크^{Egg Bank} 등 비대면 비즈니스가 생겨나고 있었습니다.

하지만 그런 소소한 움직임들은 어디까지나 소매금융에서 예금대출을 하는 목적이었죠. 투자은행이 채권을 발행하고 거액을 굴리는 상황까지 비대면으로 해보면 어떨까 하는 과격한 시도는 앙드레 리가 처음이었습니다. 그리고 그 회사를 바로 서울의 강남에 차렸던 겁니다.

90년대에 채권발행을 온라인으로 시도하다

O1이라고도 했고, '딜 컴포저Deal Composer'라고도 했습니다. 해외 증권을 발행하려는 기업이 이 시스템에 접속하여 실시간으로 해외 투자가들과 정보를 직접 주고받으며 협상, 계약체결까지 할 수 있도록 한 것입니다. 한국을 포함한 이머징 마켓, 즉 금융시장과 자본시장이 급성장하고 있는 신흥국가들의 기업, 그중에서도 중견기업을 위해 개발한 시스템이라고 했습니다. 더욱 편리하고 저렴하고 신속하게 해외 자금을 조달해주자는 거였죠. O1이 구상한 비즈니스를 짧게 설명하면 이렇습니다.

"자금을 조달하려는 기업의 CFO와 투자자들이 온라인으로 접속해 채권 등의 발행을 협상하고 투자금을 받기까지 은행, 보험회사, 금융투자업자 등의 기관투자가나 특정 개인에 대한 개별적 접촉을 통해 자금을 모집하는 프라이빗 플레이스먼트private placement의 과정을 온라인으로 할 수 있게 한다."

프라이머리 마켓, 즉 채권 등을 설정하고 판매하는 발행시장에서 사이버 시스템을 도입한 것은 O1이 세계 최초라고 합니다. 인터넷으로 채권을 발행하기 위해서 법률검토를 할 변호사들을 여러 나라에서 데리고 왔고, 채권발행과 인수 등의 굵직한 금융거래를 온라인으로 처리하기 위해 프로그래머들 역시 여러 나라에서 스카우트해왔습니다.

O1로 스카우트된 프로그래머, 요즘 말로는 개발자 중 T라는 홍콩 출신의 젊은 인재가 있었는데, 바로 저의 친구였습니다. 이 친구가 서울에 처음 왔을 때 저희 집에 한 달 넘게 머물면서 여러 가지 얘기도 많이 나눴죠. 당시 뱅크오브아메리카Bank of America의 기업금융 심사부에서 일을 배우느라 정신없던 저로서는 '이런 희한한 세계도 있구나.' 싶었습니다.

주말에 T와 자전거를 타러 한강 고수부지에 나가면 그의 회사 동료들도 만날 수 있었습니다. MIT에서 컴퓨터 사이언스 박사학위를 따고 영어로 코딩 책도 쓴 중국인 아저씨도 나왔고, 태국과 대만의 변호사들도 격의 없이 자전거 타고 함께 한강의 경치를 즐겼던 기억이 납니다.

흔히들 "비즈니스란 반 발짝만 앞서 나가야 한다."고 말하죠. 너무 앞서 나가면 오히려 개척자로서 억울하게 고생만 하다가 끝난다는 것입니다. 안타깝지만 O1이 딱 그랬습니다. 팬데믹 이후 모든 일이 온라인 미팅으로 이루어지는 요즘은 이러한 발상이 당연하게 느껴집니다만, 20년 전 앙드레 리의 시도는 참신하기는 해도 너무 앞서 나갔던 겁니다. 사실 반 발짝을 앞섰는지, 한 발짝 반을 앞섰는지 누가 알겠습니까? 게다가 그걸 안다고 해도 타이밍을 맞추는 능력의 문제인지, 아니면 그저 운의 문제인지는 여전히 의문입니다.

어쨌든 제 친구가 논현동에 자취방을 얻어 나간 이후 저는 재무학 박사과정을 밟기 위해 유학을 떠났고, 그 후 9·11 테러와 엔론 사태가 터지면서 닷컴버블은 완전히 붕괴됩니다. 그러면서 대부분의 온라인 비즈니스들이 고꾸라져 O1도 청산했다고 합니다. 한강 고수부지에서 만났던 세계 각국의 인재들도 각자의 갈 길을 갔겠죠.

제가 박사과정 공부를 마치고 싱가포르에서 일하는 동안 T는 야후와 마이크로소프트에서 개발자로 탄탄대로 경력을 쌓더니 중국 최대 테크 기업 삼대장 중 하나인 텐센트로 갔습니다. 거기서 아시아 핀테크 디렉터로 일하고 있죠. O1에서 살짝 맛본 핀테크 프로그래밍 경험이 텐센트에서 꽃을 피우게 된 겁니다.

너무 앞서간 핀테크 시조새가 쓸쓸히 사라진 이후, 텐센트를 비롯한 중국의 핀테크 업계에서 무슨 일이 일어나고 있는지 다음 장에서 알아보겠습니다.

텐센트의 인슈어테크:
가축 얼굴까지 인식한다고?

▷ 텐센트와 같이 정보통신회사에서 출발해서 파이낸스로 침입해 들어오는 회사들을 빅테크^{BigTech} 혹은 테크핀^{TechFin}이라고 합니다. 물론 어느 산업에서건 대박을 내서 돈이 주체할 수 없을 정도로 쌓이게 되면 결국 돈 장사를 하는 것이 동서고금을 막론한 비즈니스맨들의 패턴입니다. 100여 년 전에 석유로 돈을 번 록펠러 가문에서 맨해튼은행을 만들었듯요.

기술주로 돈을 버는 요즘 회사들도 마찬가지입니다. 카카오톡으로 돈을 번 카카오 입장에서는 모바일 메시지 서비스뿐만 아니라 온라인 게임과 쇼핑 등 연관 산업으로 확장하면서 지급, 결제를 건드리게 되고, 결국 이는 금융업으로 전이될 수밖에 없습니다.

이들이 기존 금융회사보다 더 파괴력이 큰 이유가 뭘까요? 우선 사용자들의 언어생활과 생활반경에 대한 빅데이터를 가졌기 때문에 패턴에 따른 소비생활을 예측할 수 있습니다. 또 사용자들의 언어생활을 분석해보면 심리적 편향성을 감지할 수 있고, 그것을 기반으로 부도나 개인파산의 확률 등을 보다 정교하게 예측할 수도 있습니다. 그에 따라 대출 이자율 등을 더 세밀하게 조정해줄 수 있죠.

중국의 경우 '10억 명의 카카오톡'이라 할 수 있는 위챗^{WeChat}이 그런 경우입니다. 그 위챗을 만든 회사가 바로 '텐센트'죠. 중국은 거지들이 구걸할 때도 QR코드로 돈을 받을 정도로 디지털 금융이 발전했습니다. 거기서 핵심 삼대장으로 불리는 회사가 바로 텐센트, 바이두, 그리고 알리페이입니다.

특히 텐센트에서 AI 기술을 활용하는 얘기를 들어보면 재미있는 것이 있습니다. 위슈어^{WeSure}라는 보험회사입니다. 이 역시 위챗의 '위^{We}', 그리고 보험업의 '인슈어런스^{insurance}'에서 '슈어^{sure}'를 합친 이름입니다. 요즘은 뭐든지 '테크^{tech}'라는 접미사를 붙이면 AI 기술을 활용한 신종 금융업이 되는데요. 보험업에서 AI를 활용하면 뭐라고 할까요? 인슈어런스에 테크를 붙여서 '인슈어테크^{insuretech}'라고 합니다.

텐센트를 비롯한 보험사들은 보험 가입부터 관리 그리고 보험금 지급과 후속처리까지 단계마다 업무 효율화를 위해 AI를 적용하고 있습니다. 기존 방식으로 보험 설계사를 통해서 가입을 받으면 30~60분 정도 걸리는데, 모바일 가입은 5~10분 정도면 끝난다는 것입니다. 그런데 시간이 빨라졌다고 무조건 좋은 게 아닙니다. 오히려 사기를 당할 위험도 커지죠. 금융은 결국 신뢰가 핵심인데, 거기서 구멍이 크게 뚫릴 바에는 안 하는 것이 낫겠죠.

여기서도 중요한 것이 보안입니다. 보안 관련 이슈는 크게 얼굴인식과 문서인식의 두 분야로 나뉩니다. 사람 얼굴인식은 이제 핀테크의 기본 기능이 됐지요. 물론 해커들의 공격도 날로 발전하고 있습니다. 창과 방패가 서로를 이기기 위해서 계속 기술을 발전시키듯이, 해커들의 공격과 이를 방어하려는 금융사 보안팀의 노력과 투자도 계속 늘어나고 있습니다. 영어로 '암스 레이스arms race'라고 하는데, 마치 강대국 간의 핵무기 경쟁과도 비슷합니다. 상대방이 A라는 기술을 만들면 그걸 극복하는 B라는 기술을 발명하고, 상대방은 또 그 기술을 극복하는 A 2.0 기술을 발명해내는 것입니다.

넥타이 매듭과 사람 얼굴의 공통점

옛날 지하철 을지로 3가 역에서 3호선으로 갈아타다 보면, 그 수많은 사람 중에 갑자기 처음 보는 여자분이 다가와서 말을 겁니다. "어머, 뒤에 당신 조상님의 얼굴이 보여요. 뭔가 간곡히 하실 말씀이 있나 봐요!" 무슨 일인가 하며 돌아봤다가 '아…' 하며 다시 뒤돌아선 경험, 많이들 겪으셨을 겁니다. 저는 세상물정 모르던 학부생 때에 한 번 끌려가 본 적이 있는데, 얼굴이 보이긴 뭐가 보입니까…. 결국 "도를 아십니까?" 하는 사이비종교로 인도하려는 것이더군요. 뿌리치고 도망쳤던 기억이 있습니다.

그런데 AI로 얼굴인식을 진행하다 보면 이런 경우들이 종종 발생합니다. 제가 한번은 방송에 나오는 CEO의 표정과 주가의 상관관계를 연구한 적이 있습니다. CNBC TV 방송에 나온 여러 CEO의 얼굴이 담긴 동영상 파일을 가져다가 K대 컴퓨터공학과의 K 교수님께 디지털 표정 분석을 부탁드렸습니다. 프로그램을 돌려보니 1초에 30프레임, 즉 정지 사진 30장이 지나가는 동안 사진마다 사람 얼굴같이 생긴 것을 있는 대로 추적해내서 그 얼굴의 표정 값이 무엇인지를 찾아냈습니다. 사람 얼굴로 인식된 부위에 빨간 사각형 표시가 떴죠.

처음 시작할 때는 당연히 CEO 1명이 화면에 꽉 차게 나오니 얼굴도 단 하나만 잡힐 줄 알았는데, 종종 엉뚱한 곳에 빨간 사각형이 떴습니다. 분명 사람은 1명인데, 빨간 사각형은 2~3개가 막 보이는 거죠! 제 눈에 안 보이는데 컴퓨터 눈에만 보이는 얼굴이라니, 귀신인가? 상당히 소름이 돋았습니다.

K 교수님의 설명을 듣고서야 안심할 수 있었습니다. 어떤 사진 파일이든 컴퓨터에 입력하면, 우선 길쭉하고 우뚝한 코 같은 모습부터 찾고, 그 양옆에 대칭으로 그늘진 무언가가 보이면 사람의 양쪽 눈과 같은 것으로 인식하면서 '드디어 얼굴을 찾았다!' 한답니다. 그러다 보니 양복에 넥타이를 매고 인터뷰하는 CEO들의 동영상을 입력하면 넥타이 매듭을 얼굴로 잘못 인식해서 얼굴이 2개로 잡힐 때가 많습니다. 왜냐하면 넥타이 매듭이 사람 코처럼 도드라지고, 그 양옆의 빳빳한 카라 밑으로 그림자가 지는 것이 꼭 사람 눈썹 같거든요. 이처럼 AI의 얼굴 인식도 사실은 많은 시행착오를 거치면서 점점 더 개선되는 거죠.

홍채인식도 마찬가지입니다. 이제는 눈만으로 하는 홍채인식에 의존하던 시대는 갔습니다. 아시다시피 홍채인식은 눈동자의 홍채를 자세하게 분석해서 사람마다 다른 홍채의 패턴과 색깔을 인식하는 기술인데, 해상도 높은 눈 사진을 찍어서 그것을 카메라에 가져다 대는 해커들이 나타났기 때문입니다. 옛날 SF 영화에서 남의 안구를 뽑아서 스캐너에 들이대는 것은 쓸데없는 짓이 되었죠.

얼굴인식도 정면으로 한 번만 찍던 시대는 갔습니다. 왜냐하면 정밀한 사진을 넘어 3D 가면을 만들어 각시탈처럼 쓰고 덤비는 해커가 나타났기 때문입니다. 그리고 역으로 남의 사진에 표정 값을 입력해서 동영상을 조작하는 딥페이크Deep Fake 기술을 가지고 얼굴 동영상까지 만

들어서 얼굴인증 과정을 해킹하기도 합니다.

그러다 보니 요즘은 다이나믹하게 특정 동작을 해보라고 지시하거나, 자연스러운 표정들이 다양하게 보이도록 유도하면서 이 사람이 맞나, 아닌가를 체크하는 지경까지 갔습니다. 예를 들면 눈을 깜빡여보라든가 윙크를 하라든가, 고개를 끄덕이거나 좌우로 돌려보라는 등이죠. 물론 이런 보안 기술도 여러분이 이 책을 읽을 때쯤이면 더 어려운 것들로 진화해 있을 겁니다. 이러다 보면 언젠가는 ATM 앞에서 국민 체조를 하게 될지도 모르는데, 그 정도면 차라리 창구직원을 만나러 가는 게 낫지 않을까요?

우리 농장 소 얼굴도 알아본다고?

손해보험업에서는 이러한 AI 기반 시각적 패턴인식 기능을 많이 활용합니다. 최근 개발된 기술은 가축 얼굴인식 기능입니다. 이 이야기를 하면 대부분 '소나 돼지가 다 그놈이 그놈 아닌가' 하면서 놀랍니다. 하지만 가축도 제각기 개성이 다르고 얼굴도 다릅니다. 사실 생물들은 가까운 종일수록 자기 집단에 속한 구성원 간의 차이점을 자세하게 인식합니다. 반면 먼 종족이거나 이종 집단의 구성원 간의 차이점은 제대로 인식하지 못합니다.

쉽게 말해서 한국 사람과 중국 사람, 일본 사람들한테 물어보면 서로 대단히 다르게 생겼다고 말하고 실제로 구분도 잘합니다. 하지만 유럽인들에게 동양 3국 사람들을 구분해보라고 하면 제대로 못 하죠. 우리도 마찬가지로 독일 사람과 스웨덴 사람, 영국 사람, 네덜란드 사람 등을 제대로 구분하지 못하고, 그냥 거의 똑같은 백인이라고만 인식합니다. 또한 콩고 사람, 카메룬 사람, 나이지리아 사람도 구분하지 못하고 다 똑같은 흑인이라고 생각합니다. 하지만 그들은 그들 간에 차이점들을 잘 인식하고 있죠.

인종을 넘어서서 다른 종의 생물을 봐도 마찬가지입니다. 우리가 보기엔 다 똑같은 소지만 소들도 알고 보면 각자 다 다르게, 개성 있게 생겼습니다. 돼지도, 양도, 염소도, 개도 다 다릅니다. 우리 눈에 구분이 안 될 뿐이죠. 그런데 컴퓨터는 그런 특정 종에 국한되는 편향이 없습니다. 그래서 제각기 다른 것을 다 인식할 수 있다는 겁니다. 그게 손해보험과 무슨 상관인가 싶으시죠?

소중하게 기르던 소나 돼지가 화재, 홍수, 구제역 등으로 죽었다고 칩시다. 농가에는 상당한 타격이죠. 그래서 미리 보험을 들어놓습니다. 그리고 이런 일이 벌어지면 보험금을 청구해야겠죠. 보험사 직원이 달려와서 손해산정을 할 수도 있지만, 중국 두메산골에 언제 일일이 다 달려가겠습니까? 핸드폰으로 농부가 사고당한 가축 사진을 찍어서 보내면 AI가 얼굴인식으로 그 집 소 갑동이인지, 을동이인지를 알아본다는 것입니다. 핸드폰으로 미리 사진을 찍어서 등록해두면 이 소의 뿔이 어떤 각도로 나 있고, 얼굴 특징이 어떻고 등 빅데이터가 쌓입니다. 그것과 대조해보는 거죠.

이러한 시스템은 똑같은 소를 가지고 여러 번 청구하는 보험 사고도 방지해준다고 합니다. 살아있는 소는 96% 이상, 죽은 소도 94% 정도 매칭이 되고, 돼지는 각각 92%, 90%씩 AI로 맞출 수 있다고 합니다. 더 많은 소와 돼지의 얼굴 데이터가 수집되면 더 정밀해질 것입니다.

그런데 소나 돼지에 관한 손해산정은 무게가 중요합니다. 그래서 뭔가 기준이 되는 물건, 예를 들면 일정 길이의 신분증 등을 죽은 돼지나 소 위에 올려놓고 그 가축의 길이가 기준 물건의 몇 배인지를 측정한다고 합니다. 그러고 나서 그 길이에 비례해서 무게를 추정하는 겁니다. 물론 이런 방식이 100% 정확하지는 않겠지만, 이를 통해서 대략적인 손해산정을 신속히 마칠 수 있습니다. 또 충당금을 얼마나 쌓아두어야 할지도 미리 대비할 수 있고요. 혹시 반려동물 기르시는 분들은 집에 가서 한 번 더 얼굴을 자세히 봐주시고 "너는 정말 특별하게 생겼구나." 하면서 예뻐해주시기 바랍니다.

앞에서 제 친구의 얘기를 통해서 인슈어테크에 적용되는 여러 기술을 알아봤습니다. 다시 핀테크 시조새 얘기로 돌아가보면, 전 세계의 훌륭한 인재들이 한곳에 모였다가 쭉 흩어지면서 나름의 세계들을 구축하는 과정도 재미있습니다. 얼굴인식에 대한 얘기를 잠시 했었는데, 이어서 제 연구 분야인 AI로 측정하는 관상이 위험선호도와 어떻게 연관되는지, 그리고 그것이 핀테크에 왜 중요한지 차차 말씀드리겠습니다.

AI도 사람도 100%일 수 없다

얼굴도 문제지만, 위조서류를 잡아내는 것도 핀테크 기업의 큰 골칫거리입니다. 주민등록증이나 운전면허증을 전송하는 과정에서도 사기꾼들은 위조 신분증을 사용하거나 남의 것을 도용합니다. 핀테크 기업은 이것을 잡아내야 하고요. 기술적인 숨바꼭질이 계속되는 중입니다.

토스나 카카오뱅크 등에 가입할 때 신분증 사진을 보낸 적 있을 것입니다. 혹시 위조 여권이나 위조 주민등록증을 사진 찍어 보내면 잡아낼 수 있을까? AI가 신분증의 여러 가지 특질을 잘 잡아내야 하는데, 그것을 너무 자세하게 다 잡아내자면 데이터 전송이 느려지고, 시간이 오래 걸려 손님을 놓치는 상황이 발생합니다. 고객이 불쾌하거나 부담스럽지 않도록 하는 고객 경험, UX$^{User Experience}$도 핀테크의 중요한 요소니까요. 반면 빠르고 편리한 UX에 너무 집착하다 보면 신분증의 특질 잡아내는 데 소홀해져 보안에 취약해지겠죠. 그래서 엔지니어들은 이러한 '트레이드오프$^{trade off}$'의 적절한 지점을 끊임없이 고민할 수밖에 없습니다. '최적화^{optimization}'라고 하죠.

그래서 이러한 보안 이슈는 여러 가지 생각할 주제들을 던져줍니다. 대표적으로 통계에서 흔히 말하는 '1종 오류'와 '2종 오류'에 관한 것입니다. 팬데믹 이후로 코로나 19에 걸렸는지 아닌지를 어떻게 알까요? 가까운 선별진료소에 가서 테스트를 받으면 결과가 나옵니다. 그런데 진짜로 걸려서 걸렸다고 나오거나 안 걸려서 안 걸렸다고 나오면 그나마 다행인데, 그렇지 않을 경우가 문제입니다.

안 걸렸는데, 테스트 결과 걸렸다고 나오는 것을 1종 오류(타입1 에러$^{Type\ I\ Error}$)라고 하고, 진짜 걸렸는데 테스트 결과로는 안 걸렸다고 나오는 것을 2종 오류(타입2 에러$^{Type\ II\ Error}$)라고 합니다. 쉽게 말해 "기여, 아니여?"를 묻는 테스트에서, 아닌데 기라고 나오는 것을 1종 오류, 기인데 아니라고 나오는 확률을 2종 오류라고 보시면 됩니다.

핀테크 보안도 마찬가지입니다. 신분증을 입력하면 AI가 이 신분증의 "사기여, 아니여?"를 따집니다. 사기가 아닌데 사기라고 결론지으면 1종 오류, FRR^{False Rejection Rate}이라 하고, 사기인데 아니라고 결론지으면 2종 오류, FAR^{False Acceptance Rate}라고 합니다. 문제는 1종 오류와 2종 오류를 모두 다 한 방에 최소화하면 좋겠지만 그게 불가능하다는 겁니다.

사기가 아닌데 사기라고 할 확률을 무작정 줄이다 보면, 자꾸 사기 아니라고 관대하게 넘어가게 됩니다. 그러면 결국 사기인데도 사기가 아니라고 잘못 결론지을 확률이 올라가죠. 반대로 사기인데도 사기 아니라고 잘못 말할 확률을 무작정 낮추다 보면, 약간이라도 미심쩍으면 일단 사기라고 경종을 울리게 되고, 결국 사기 아닌데도 사기라고 말할 확률이 올라갑니다. 트레이드오프 관계인 것입니다. 그렇다면 AI 핀테크 기업은 어디에 초점을 맞춰야 할까요?

고객 경험을 극대화하는 게 목적이라면 1종 오류를 낮추는 것이 중요할 겁니다. 사기꾼이 아닌데 자꾸 사기꾼이라고 잘못 판단하면 고객에게 불편을 끼치게 되고 손님을 놓치겠죠. 반면 보안과 안전이 목적이라면 2종 오류를 낮추는 것이 중요합니다. 웬만하면 의심부터 하고 재검사하는 등의 조치를 하는 겁니다. 대부분의 회사는 그 중간 어딘가에서 줄타기를 열심히 하고 있다고 보시면 됩니다. 그리고 AI를 동원해 반복적으로 테스트하면서 FRR와 FAR의 균형을 맞추고 이들을 전반적으로 다같이 같이 조금씩 낮춰갈 수 있습니다.

콜센터 직원이 고객에게 보험상품을 얼마나 정확하게 설명해줬는지를 체크하는 데도 AI가 활용됩니다. 요즘은 모든 통화가 녹음되지요? 음성인식 기능은 기가 막힙니다. 제가 유튜브 채널을 운영하면서 제 강의를 모조리 업로드하는데, 강의 노트가 필요 없을 지경이죠. 왜냐? 제가 말한 모든 것이 텍스트로 자동 변환되어 제공되거든요. 그래서 제가 몇 분 몇 초에 무슨 말을 했는지 빠르고 정확하게 찾아낼 수 있습니다. 오탈자는 좀 있지만요. 이런 기술을 콜센터에 적용해서 상품 내용을 정확하게 전달했는지 여부를 알아낼 수 있고, 그것을 바탕으로 보험에 가입할 때 일어날 수 있는 사고를 미연에 방지하도록 도와준다는 것입니다.

"뭐 좀 해봐!"

▷ 제가 싱가포르에서 교수로 살던 둘째 해에 있었던 일입니다. 두 딸과 와이프, 저 이렇게 네 명이 교수 아파트 13층 꼭대기에서 자고 있는데, 새벽 3시에 비명소리가 들렸습니다. 집에 필리핀 도우미 아줌마가 살고 있었는데, 밤중에 화장실에 가다가 하얀 마룻바닥에 뭔가 시커멓고 긴 것이 꿈틀거리고 있더랍니다. 불을 켜보니 3m 길이의 구렁이가 날름거리고 있어 기겁하고 소리를 지른 것이었습니다. 그 소리에 제 아내가 깼고, 마루로 열린 방문 앞의 거대한 뱀을 보자마자 같이 소리를 지르기 시작했습니다.

당시 저는 아내 옆에서 세상모르고 자고 있습니다. 저는 한번 잠들면 옆에 폭탄이 떨어져도 단잠을 자는 사람이거든요. 집사람이 제 가슴을 하도 두드려 아파서 깼습니다. 꿈인지 생시인지 한 번에 확 알았죠. 너무 아파서요. 그러면서 와이프가 저를 향해 소리 지르던 절박한 표정은 아마 제가 죽을 때까지 못 잊을 겁니다. 그때 와이프가 딱 네 글자 명대사를 남겼습니다. 왜 명대사냐 하면, 그게 앞으로 설명할 남성호르몬의 역할에 딱 부합하는 말이기 때문입니다.

"뭐 좀 해봐!!!"

영어로도 "Do Something about It!" 해서 딱 네 단어입니다. 와이프가 그 명령을 했을 때 저는 반사적으로 튀어 나가 구렁이를 향해 소리 지르며 다가갔습니다. 제가 아는 온갖 욕을 해대며 주먹도 허공에 휘둘렀죠. '뭐 좀 해봐'야 하니까요. 다행히 그 구렁이는 맞은편 책장 뒤로 숨어 들어가 버렸습니다.

만약 그 절체절명의 순간에 제가 와이프의 명령을 거역하고, "양성평등 시대인데 네가 나가서 뭐 좀 하지 그래?" 하고 이불 속으로 숨었다면 어땠을까요? 일단 와이프가 나가서 뱀과 싸웠겠죠. 저는 제 아내를 믿습니다. 애들을 위해서라면 물불 가리지 않는 사람이거든요. 그런데 제 와이프가 그 뱀과 싸우고 난 후 두 가지 결말을 상상할 수 있습니다. 첫 번째는 큰일이 나는 경우죠. 그렇게 되면 저는 평생 죄책감에 시달릴 뿐만 아니라, 비겁한 놈으로 찍혀서 평생 사회생활도 못 했을 것입니다. 둘째는 와이프가 뱀을 처단하는 경우입니다. 그러면 그다음엔 돌아서서 누굴 처단할까요? 뻔하죠?

10만 년 전에 동굴에서 살아가던 조상들을 생각해봅시다. 비슷한 상황들이 있었을 겁니다. 그래서 남자들은 와이프가 지르는 절체절명의 비명을 듣고 나가서 적들을 향해 뭘 좀 해보지 않았더라면, 자연선택 과정에서 도태되어 자손을 남기지 못했을 겁니다. 그렇게 '뭐 좀 해보게' 만드는 것이 바로 남성호르몬, 테스토스테론^Testosterone입니다. 이 단어는 그리스어인데, 히포크라테스 때부터 그리스가 의학이 앞서서 의학용어도 이렇게 그리스어가 많다고 합니다. 요즘 코로나 19의 변종들도 델타, 감마 등 그리스어 알파벳으로 나가는 게 같은 이유입니다.

그렇게 뭐 좀 해봐서 이긴 남자들이 지배자가 됐고, 더 많은 자손을 남겨왔던 겁니다. 그런데 뭐 좀 해보다가 골로 갈 수도 있습니다. 모든 선택의 결과는 확률이 지배하니까 당연한 얘기죠? 대박 아니면 쪽박, 모 아니면 도! 사실은 쪽박 차고 골로 가버린 경우가 더 많았겠죠. 그러니 수십만 년간 그 쪽박 찬 경우들을 하도 많이 봐서, 자연스레 위험회피 성향을 가지게 된 것도 진화의 결과일 것입니다.

다시 그날 밤 뱀 얘기로 돌아가죠. 책장 뒤에 뱀이 들어갔고, 저는 재빨리 싱가포르 경찰에 전화했습니다. 캠퍼스 안에 있는 아파트였으니, 당연히 수위 아저씨한테도 와달라고 했습니다. 경찰 다섯 명과 수위 아저씨도 왔는데, 이 수위 아저씨는 제가 새벽에 다급하게 전화한 것이 과장인 줄 알았는지, 나무젓가락과 비닐봉지 같은 아주 작은 주머니 하나를 가져왔습니다. 엄청 큰 뱀이라고 전화로 설명했건만, 제가 30cm 실뱀 가지고 호들갑 떠는 줄 아셨답니다. 수위 아저씨는 저를 보고 먼저 싱글리시로 "쏘릴라(I'm sorry la~)."라고 했죠. 그럼요, 미안하셔야죠. 그런데 그다음의 말씀이 압권입니다. "당신 운이 좋았네!(You were lucky ya~!)"라고 하더군요. 헐… "뭐가 운이 좋아요?" 제가 되물었습니다. "저게 구렁이니까 망정이지, 블랙 코브라였으면 당신은 나나 경찰을 부르거나 기다릴 여유도 없이 바로 직접 싸웠어야 했을 거야!!!"

지금 뭐라고 하셨어요? 블랙… 코브라요!!?? 블랙 코브라는 코브라 중에서도 가장 센 맹독을 가진 종으로, 5m 거리에 있는 적의 눈에 독을 정확히 쏘아 실명시킨다고 합니다. 블랙 코브라였으면 최소 실명에 어쩌면 황천길로 갈 뻔했다는 겁니다. 그게 남성호르몬에 이끌려 '뭐 좀 해보다가' 골로 가는 경우입니다.

이처럼 남성호르몬은 다급한 외부의 도전에 응전하면서 '뭐 좀 해보도록' 만드는 호르몬입니다. 위기상황에서 공격적인 행동을 선택해 지배자적 위치에 오르고자 하는 데에 필수적인 호르몬이죠. 그런데 이것이 많이 나오는 상남자가 있는가 하면, 별로 나오지 않는 초식남도 있습니다. 기존의 남녀 간의 차이 연구도 상당히 재미있는 연구 주제지만, 남자 그룹 내에서도 호르몬 분비의 차이가 엄청나고, 그로 인해서 발생하는 행동의 결과 차이도 큽니다. 요즘 행동경제학과 경영학계에서는 이것이 이슈로 떠오르고 있고요.

바로 이 손안에 있소이다!

CEO가 회사 경영이나 주가에 미치는 영향은 지대합니다. 우리나라도 잘나가던 대기업이 회장님의 실수 하나로 휘청거리기도 하고, 회장님의 지혜로운 선택으로 10년, 20년 잘나가게 되는 경우가 있습니다. 우리나라만 그런 게 아닙니다. 전 세계 대다수 기업이 공통적으로 겪는 일이고, 미국도 CEO들의 심리적 특질이 회사의 전략적 의사결정에 큰 영향을 미치더라는 연구결과들이 줄줄이 나오고 있습니다.

미국 CEO의 95%가 남성입니다. 우리나라는 더하죠. 하버드 대학의 제니퍼 러너Jennifer Lerner 교수의 연구에 따르면, 남녀 간의 차이 정도보다도 남자 집단 안에서 '상남자스러운' 남자와 '여성스러운' 남자 사이에 위험선호도 차이가 더 많이 난다고 합니다. 여자분들 중에도 여러 사람과 잘 어울리며 고위경영층으로 가시는 분들이 있습니다. 이런 분들은 남자 경영진과 별 다를 바가 없어 형님 같은 느낌을 받기도 하죠.

제니퍼 러너 교수의 연구결과, 오히려 남자 CEO 중에 "뭐 좀 해봐!" 하면서 지배자적 위치를 강렬하게 추구하는 남자들과 그렇지 않은 남자들 간의 차이가 경영에 있어서 상당히 다른 결과를 가져오더라는 겁니다. 물론 여성 지도자들의 비율도 꾸준히 올라가고 있으니, 앞으로는 여성 CEO에 대한 연구도 활발히 진행되리라 기대합니다. 다만 여기서 제가 말씀드릴 것은 남성 CEO끼리 비교한 연구입니다.

많은 CEO를 대상으로 연구하면서, 이분들의 남성호르몬이 많이 분비되는지 아닌지를 어떻게 측정했을까요? 제니퍼 러너 교수는 행정대학원으로 유명한 하버드 케네디 스쿨의 교수인데, 본인의 수업을 듣는 학생들을 대상으로 타액 검사를 했습니다. 고위 공무원이나 군인 등 사회 지도자급 인사가 되고자 하는 야망 있는 분들이 그곳에서 학생으로 공부하죠. 이들을 대상으로 검사해보니, 침에 남성호르몬이 많을수록 더 많은 부하직원을 거느리고 더 큰 조직을 운영하더랍니다. 지배자적 위치에 있다는 거죠. 상관관계는 밝혀졌습니다.

그런데 지배자적 위치가 남성호르몬을 왕성하게 분비하도록 이끄는지, 아니면 원래 남성호르몬이 많은 사람이 그런 위치로 가는 것인지 인과관계는 아직 불분명하죠. 다만 뭔가에 대해 화를 낼 때, 즉 적을 상대하여 대결 국면으로 치달으면 남성호르몬이 더 많이 폭발하고, 위험선택에 더 과감해진다고 합니다. 호르몬 분비의 많은 부분은 태생적으로 결정되기도 합니다. 어느 정도까지가 유전으로 결정되고, 어느 정도까지가 환경에 의해서 결정되는지는 앞으로 더 연구해봐야 할 주제입니다. 물론, 가장 정확한 호르몬 검사는 혈액검사입니다만, 그 바쁜 CEO들을 수천 명 단위로 혈액검사를 한다는 것은 불가능할 것입니다. 그렇다면 좀 더 쉬운 방법으로 CEO들의 남성호르몬 정도를 알아볼 수는 없을까요?

최근 의학 연구와 행동경제학 연구에서 밝혀진 재미있는 사실이 하나 있습니다. 손가락 길이에 남성호르몬과 관련된 의미 있는 정보가 담겨 있다는 것입니다. 그리고 이것이 위험선택에 직결되는 의미라는 겁니다. 발생학적으로, 사람의 손을 보면 가운뎃손가락을 중심으로 검지와 약지가 대칭을 이루어야 정상이라고 합니다.

그런데 어머니 배 속에 있을 때 어머니가 뭔가 투쟁적인 상황을 많이 겪으시거나 하면 남성호르몬이 몸에서 많이 분비되고, 그것이 태아인 자신에게도 들어와서 남성호르몬이 남보다 더 많아진답니다. 그 결과로 몸에 나타나는 증거가 바로 약지가 검지보다 길어진다는 겁니다. 여러분도 지금 손을 편하게 앞으로 쭉 뻗어 검지와 약지를 비교해보시기 바랍니다. 어느 한쪽으로 기울이지 말고 편하게 가운데로! 여러분이 태생적으로 가진 남성호르몬이 평균 이상인지 아닌지를 알 수 있습니다.

영국의 800년 전통의 명문, 케임브리지 대학의 존 코우츠John Coates 교수는 박사학위를 받기 전에 국제금융의 중심지인 런던의 투자은행에 트레이더였습니다. 그런 그는 런던의 금융가에 트레이더들의 손 모양을 조사했고, 이들의 실적과 어떤 연관이 있는지를 살펴봤습니다. 그랬더니 약지가 검지에 비해 긴 사람일수록 위험선택을 과감하게 해서 트레이딩 성과가 좋더라는 겁니다.[1]

우리나라의 경우 외환 딜링룸의 트레이더들 사진이 신문지면에 오르내립니다. 달러값이 출렁일 때 그렇죠. 주식, 채권, 파생상품, 원유 등 여러 가지 금융상품들을 사고파는 트레이더의 세계는 정말 공격적인 사람들만이 살아남는다고 합니다. 수백억, 수천억 원 단위로 거래를 하며, 이것이 대박이 나거나 쪽박이 나거나 하니까요. 평범한 월급쟁이 입장에서는 상상하기 힘든 규모입니다. 그런 큰돈을 베팅한다고 생각해보세요. 사자마자 가격이 뚝뚝 떨어지면 어떨까요? 팔자마자 가격이 오른다면요? 엄청난 스트레스겠죠?

그럼에도 불구하고 누군가는 이 시장에 나가서 '뭐 좀 해봐'야 합니다. 왜냐하면 때로는 회사가 장기투자 하는 공장이나 물건들이 환율 변동에 의해 가치가 떨어질 위험이 있으면 그 반대 포지션이 되는 거래를 해서 위험을 막아야 되거든요. 때로는 투기적인 베팅도 해야 한다는 의미입니다. 물론 포트폴리오 투자도 해야 하고요. 그래서 트레이더들의 역할이 엄청 중요하면서도 스트레스가 많습니다. 거기서 성공한 분들보면 상남자 성향이 대단히 강합니다. 경쟁심, 호승심이 강하고 배짱도 두둑하죠. 때로 책상 위의 전화를 두드려 부수거나, 책상 자체를 부수는 경우도 있습니다.

수년 전 제 박사과정 학생들을 대상으로 수업시간에 손가락 길이 조사를 해봤습니다. 한 여학생이 손을 번쩍 치켜들면서 보여주는데 약지가 검지보다 상당히 길더군요. 알고 보니 이분은 박사과정을 시작하기 전에 10년 넘게 외국계 N 증권에서 채권 트레이더로 이름을 날리던 분이었습니다.

다음 사진 중 하나는 제 손이고, 나머지 셋은 금융업에서 트레이더로 일하는 분들의 손입니다. 어떤 게 제 손인지 딱 보이시죠? 한 분은 스위스 은행 쪽 펀드매니저이고, 또 한 분은 외국계 은행에서 외환딜러로 일하시던 잘나가는 뱅커입니다. 다른 한 사람은 한국자산관리공사에서 일했고, 지금은 PE의 파트너인 제 친구 K이고요. 손을 보면 자신의 위험감수 능력치가 보인다는 겁니다. 네, 저는 그 정도가 아니어서 교수로 얌전히 사는 것을 천만다행으로 생각합니다.

직업과 검지·약지 길이의 차이

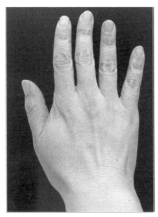

교수의 손

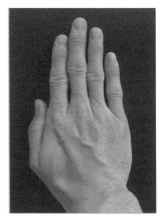

펀드매니저의 손

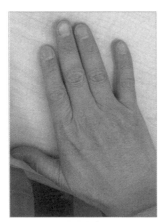

뱅커의 손

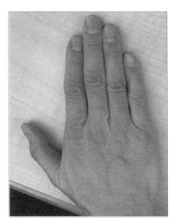

PE 파트너의 손

손가락 정보도 데이터베이스화하는 세상

약지의 길이가 태중에 있을 때 어머니의 스트레스 정도에 의해 결정된다니, 재미있지 않나요? 저는 조선 시대의 태교가 사람들의 위험선호에 상당한 영향을 미쳤겠구나 하는 생각도 해보았습니다. 예나 지금이나 많은 분들이 임산부의 행동이 태아에게 심리적, 정서적, 신체적 영향을 미친다고 여깁니다. 조선 시대에도 "뱃속의 열 달이 출생 후 10년의 가르침보다 더 중요하다"는 규범이 구전으로 내려오다가《여범女範》,《내칙內則》등의 책으로 전해지기도 했죠. 1700년대에는 여성 실학자 이사주당이라는 분이《태교신기胎教新記》라는 책을 써서 처음으로 태교를 집대성했다고 합니다.

조선왕조는 500년이나 이어졌습니다. 그냥 그런가 보다 하는 분도 있겠지만, 비슷한 시기 다른 나라의 제국과 왕국들은 200년을 넘기기 어려웠습니다. 처음에 아무리 개혁적이고 이상적인 뜻을 품고 건국된 나라라 해도 100년이 지나면 부익부 빈익빈의 양극화가 심해지죠. 우리나라도 해방 후 70년이 지나면서 사회상이 어떻게 됐습니까? 최초로 아카데미 상을 탄 영화 〈기생충〉처럼 양극화가 심해지다 못해 계급사회가 고착됩니다. 〈기생충〉에서 지하실의 등장인물 '오근세'는 이렇게 말하죠. "나는 그냥 여기가 편해. 그냥 아예 여기서 태어난 것 같기도 하고." 세상에 어느 나라, 어느 왕조나 그렇게 됩니다. 그러면서 부정부패가 심해지고 200년을 넘다 보면, 또 어딘가에서 도탄에 빠진 백성들이 반란을 일으키고, 새로운 누군가에 의해서 새로운 왕조가 시작되기 마련입니다.

그렇다면 누가 반란을 일으킬까요? 사회적으로 지배자가 되고자 하는 욕구가 더 강한 사람이 주동할 가능성이 크겠죠? 민중들은 구체제의 악습에 시달리다 못해 "뭐 좀 해봐!"라며 비명을 지를 것이고, 그 비명을 듣고 남의 밑에서 있기가 죽기보다 싫은 사람들이 뛰어나가 폭동과 반란을 일으키지 않겠느냐는 말입니다.

중국 역사를 봐도 300년 이상 이어진 왕조는 없습니다. 그렇다면 조선은 어떻게 500년이나 버텼을까요? 아무리 크고 작은 민란이 있었다지만, 왕조를 갈아엎겠다는 사람은 없었습니다. 하다못해 매국노 이완용도 자기가 새 왕조를 세우겠다는 게 아니라, 일본을 섬기자고 하면서 자기 위로 모신 그림이잖아요. 조선은 왜 그렇게 철저하게도 아무도 나서지 않고 뒤집어엎지 않았을까요?

여러 가지 이유가 있겠지만, 저는 그중 하나가 지나치게 태교를 잘한 덕분이라고 봅니다. 얼마나 철저하게 산모에게 스트레스 주지 않으려고 노력했는지, 고요함과 평정심을 가지게 하려고 주변에서 얼마나 애를 썼는지 살펴보세요. 지극정성으로 말입니다. 그러다 보니 태어나는 아기들의 남성호르몬이 적어질 수밖에 없고, 고분고분 말 잘 듣는 신하로 키우기도 쉬워진 것 아닐까요? 궁궐의 상감마마조차도 중국 황제의 충실한 신하가 되라고 태교한 결과 '동방예의지국'이라는 말을 500년이나 듣게 된 것 아닐까요? 물론 양육 환경도 영향을 주었겠지만, 애당초 태교할 때부터 남성호르몬을 최소화한 결과가 아니었겠나 하는 생각을 해보았습니다.

조선 건국 후 200여 년이 지나 부정부패와 양극화가 심해지면서 민생이 도탄에 빠지고 급기야는 임진왜란이 일어납니다. 다행히 파죽지

세로 당하는 와중에 그나마 버텨준 것이 이순신 장군인데, 이분이 노량해전에서 돌아가시지만 않았더라도, 그리고 태교만 좀 덜 했더라도, 왜군을 격퇴하자마자 돌아서서 그 여세를 몰아 누구를 몰아냈을까요? 뻔하죠? 그때가 딱 조선이 건국된 지 206년 되는 해였거든요.

요즘 인구문제로 아기를 많이 낳자고들 하는데, 태교는 적당히 하셨으면 합니다. 그래야 뭔가 탐험가도 나오고 과감하게 위험선택을 해서 글로벌 무대에서 대박도 내고 하죠. 언제까지 고분고분한 사람들로 이 나라를 가득 채우고, 국민 전체를 고인 물로 만드시겠습니까?

얼마 전부터 인도에서는 전국적으로 정보통신화를 추진하면서 국민 모두에게 주민등록번호를 부여하는 작업을 하고 있습니다. 아다르Aadhaar라고, 사람의 여러 가지 생체학적 데이터, 즉 바이오메트릭 데이터Biometric Data를 정부가 수집한다고 합니다. 홍채인식은 기본이고, 지문과 네 손가락 모두를 스캔하여 전자적으로 등록하는 겁니다. 옛날에 일본이 재일동포 한국인들을 대상으로 지문을 날인하라고 해서 양국 간 관계가 악화된 기억이 있는데, 9·11 테러 이후로 지문 정도는 이제 국제사회에서 당연히 제공해야 하는 데이터가 된 지 오래죠.

그렇다면 혹시 앞으로 손가락 길이가 문제가 되지 않을까요? 이것을 보면 국민 중 누가 위험선호도가 높고 낮은지 더 자세히 알 수 있으니까요. 여러분은 정부에 손가락 길이 정보를 제공하시겠습니까?

AI가 관상을 본다, AI 신언서판

▷ 테스트를 하나 해보겠습니다.
아래 페이지 사진을 꼭 0.1초만 보고 곧바로, 후딱 다음 장으로 페이지를 넘기세요! 누가 누가 빨리 넘기나 보겠습니다!

방금 본 사진에서 가장 기억에 남는 게 뭐죠? 제가 수업시간에 이걸 후딱 보여주면 거의 모든 학생이 이렇게 대답합니다. "사람 얼굴… 같이 생긴 라떼 잔이요."

프린스턴 대학의 심리학자 토도로프^{Todorov} 교수에 의하면, 우리는 어디서든 제일 먼저 얼굴을 찾아내고 그것이 누구의 얼굴인지 식별해내는 데 신경을 집중시키도록 진화해왔다고 합니다. 사람은 사회적 동물이기 때문입니다. 원시시대에 어린 아기가 들판에 놓여 있다고 칩시다. 아기는 고개를 들어 주변을 둘러봅니다. '나를 도와줄 사람이 어디서 올까?'라고 생각하겠죠? 이때 0.01초라도 더 빨리 사람 얼굴을 찾아내는 아기가 아무래도 생존확률이 높을 것입니다. 특히 여러 얼굴 중에 엄마의 얼굴을 가장 빨리 분간해내는 아기가 더 잘 살아남았겠죠.

앞서 텐센트의 핀테크 부분에서 얼굴인식 기술이 은행업뿐만 아니라, 손해보험업에도 사용되고, 심지어 소, 돼지 등 가축의 얼굴까지 인식하는 기술로 발전해 널리 쓰인다고 설명했습니다. 컴퓨터로 얼굴을 인식하는 알고리즘에 대해서도 이야기했는데, 사람의 두뇌에도 얼굴을 인식하는 뇌세포들은 두뇌의 가장 안쪽 깊은 곳에 있다고 합니다. 그 말은 곧 진화의 역사를 거슬러 올라가 보면, 양서류나 어류같이 아주 원초적인 생물 단계에서부터 얼굴인식이 중요한 기능이었다는 뜻이겠죠. 사실 하등동물들도 자기들끼리 서로 알아보고 모이는 것이 생존에 유리했겠죠?

팬데믹으로 사회적 거리 두기 단계가 강화될수록 우리는 더 갑갑합니다. '인간이 정말 사회적 동물이구나' 하는 것을 절절히 느끼게 되었죠.

그래서 우리는 얼굴을 인식하면서 동시에 그 얼굴에서 최대한 많은 정보를 알아내고자 애를 씁니다. 얼굴에서 많은 것을 읽으려 하는 것은 워낙 본능적인 반응이기도 하고요. 그래서 동서고금을 막론하고 관상학이란 것도 지금까지 전승되고 있습니다. 학자들도 연구를 많이 해서 첫인상이 중요하다는 논문도 있고, 반대로 얼굴에서 느껴지는 것이 그 사람의 특질을 제대로 나타내지는 못한다는 논문도 있습니다. 그만큼 논란의 여지가 많은 분야입니다. 그런데 요즘 경영학계에서 공통적으로 유의미하다고 보고되는 것이 바로 얼굴의 양쪽 광대뼈의 간격입니다.

상남자 관상을 측정하는 법

사람은 사춘기 때 2차 성징이 일어나면서 남성호르몬과 여성호르몬이 폭발적으로 분비되고, 이 호르몬이 골격의 성장에도 큰 영향을 미칩니다. 이때 남자든 여자든 테스토스테론이 많이 분비되는 사람은 광대뼈가 양옆으로 더 많이 벌어지게 되죠. 반면 얼굴뼈가 위아래로 갸름하게 자라는 것에는 이 호르몬이 별로 영향을 많이 미치지 않는다고 합니다. 물론 완전히 호르몬에 의해서 좌우가 되는지 아닌지에 대해서는 논란이 계속되고 있지만, 적어도 인류학적으로는 두개골이 남자의 것인지 여자의 것인지를 판별하는 기준으로 쓰인다고 합니다.

남성호르몬이 많이 분비되는 사람들은 사회적으로 지배자적인 위치를 추구하는 욕구가 강하고, 경제생활을 포함한 인생 전반에서 위험선호도가 크다고 합니다. 그리고 얼굴이 양 옆으로 벌어진 남자들은 자신의 추구하는 바를 이루기 위해서 때로는 폭력도 불사할 정도의 공격성을 가졌다고 합니다. 그래서 카르^{Carre} 교수와 맥코르믹^{McCormick} 교수가 백인 아이스하키 선수들을 연구해본 결과, 얼굴이 양옆으로 벌어진 상남자 관상의 선수들이 경기 도중 폭행, 반칙 등으로 페널티 구역에 들어가 있을 확률이 더 높았다고 합니다.

그렇다면 얼굴이 상남자형인지 아닌지는 어떻게 측정할까요? 방법은 성인 남자의 정면 사진을 가지고 측정하는데, 양쪽 볼에 광대뼈 가장자리, 즉 귀가 붙은 자리 사이의 간격을 '폭^{Width}'이라고 합니다. 또한 인중, 즉 윗입술의 윗점으로부터 두 눈썹의 아랫부분을 잇는 선의 중점 사이의 거리를 '높이^{Height}'라고 합니다. 그래서 여권 사진처럼 양쪽 귀가 다 나온 정면 얼굴 사진을 스캔해서 위에서 말한 지점 간의 픽셀 수를 재고, 폭 나누기 높이를 계산해보면 fWHR(facial width-to-height ratio)이 나옵니다. 이 숫자가 클수록 광대뼈가 상대적으로 더 옆으로 벌어진 상남자 관상인 것입니다.

전에는 '이미지 제이^{ImageJ}'라는 소프트웨어를 가지고 사진을 업로드해서 마우스로 직접 클릭하여 픽셀 수를 세었습니다. 하지만 이제는 파이썬 코딩으로 프로그램을 만들어 사진만 입력하면 자동적으로 얼굴을 인식하면서 68개의 점들을 순서대로 찍어서 해당 점들이 가지는 좌표들로 거리를 계산해서 fWHR 측정치를 보여줍니다. 오른쪽 그림이 그런 얼굴인식과 좌표들 잡아서 계산하는 모습입니다.

fWHR 측정 웹사이트

$$fWHR = \frac{\overline{P_2\,P_{16}}}{\text{중점}(P_{22},\,P_{52})\,P_{52}}$$

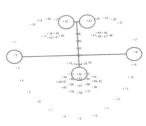

저희 연구팀은 아예 누구든지 얼굴 사진만 업로드하면 자동으로 fWHR을 측정해주는 인터넷 웹사이트를 만들었습니다. 웹사이트 주소는 www.fwhrmeasuring.com입니다. 왼쪽 페이지의 QR 코드로 접속해 바로 업로드하셔도 됩니다. 단 파일 이름은 영문으로 공백 없이 만들어주시고, 확장자는 JPG로 해주셔야 합니다.

제 사진으로 측정해봤더니 1.67이 나왔습니다. 저 숫자가 크다고 해서 우리가 흔히 말하는 '얼굴이 큰 것'은 아닙니다. 얼굴이 평균보다 큰지 작은지 혹은 전체 키에 비례해서 5등신인지 8등신인지는 턱 아래 끝부터 머리의 정수리까지의 길이로 따져야 하니까요. 여기서 말하는 상남자 관상 여부는 얼굴의 중심부의 눈과 입이 얼마나 '납작하게 벌어져 있느냐' 하는 것뿐입니다. 일부 교수님들이 제 논문을 보시면서 "내 얼굴 크다고 놀리는 거냐?"고 핀잔을 주신 적도 있지만, 그것과는 전혀 상관없는 오해입니다. 얼굴이 작은 8등신 서양인들이 오히려 fWHR 수치는 동양인보다 평균적으로 더 크게 나옵니다. 그리고 앞으로 보여드릴 연구들을 보면 대개 미국인 남자 CEO들을 대상으로 했는데, 그들 중 90% 이상이 백인종이라서 큰 오차 없이 연구를 진행할 수 있어서 그렇습니다.

덧붙여, 상남자 관상인 사람들의 위험선호도에 대한 연구는 거의 남자들만 대상으로 연구가 이루어진 것이 사실입니다. 여성 리더에 대한 연구도 필요합니다만, 얼굴 정면 사진들의 특성상 여성분들은 귀와 광대뼈가 가려진 경우가 많아서 측정이 매우 어렵습니다. 그리고 안타깝게도 아직 미국에서조차 여성 CEO의 비율이 5% 정도밖에 안 되는 것이 현실입니다.

유명인들의 상남자 관상 수치

대표적인 유명인들의 fWHR 측정값을 소개하겠습니다. 상남자 얼굴의 대표라 할 수 있는 핵주먹 마이크 타이슨의 얼굴을 입력해보니 1.948이 나옵니다. 반면 꽃미남 팝스타 저스틴 비버는 1.725입니다. 그가 수많은 소녀 팬들을 거느린 것도 사실 남성적인 섹시함 때문이 아니라, 여성스럽고 귀여운 얼굴 때문임을 알 수 있죠.

경영자 중 알리바바의 마윈을 측정해보니 2.092였습니다. 중국의 항저우의 한 대학에서 영어강사이던 그가 전 세계 최대 전자상거래 업체의 대표까지 되었죠. 자수성가의 대표주자로서 얼마나 많은 위험선택을 했을까요? 우리나라로 치면 카카오의 김범수 의장입니다. 얼마 전 김범수 의장은 재산 15조 4,000억 원으로 삼성그룹의 이재용 부회장을 제치고 우리나라에서 가장 부유한 사람이 되었습니다.

간 큰 마윈의 핀테크 치킨 게임

2020년 11월 5일, 홍콩과 상하이에서 전 세계 IPO 역사상 최대 규모의 행사가 벌어질 예정이었습니다. 알리바바 그룹 산하의 핀테크 자회사 앤트파이낸셜이 370억 달러, 우리 돈으로 보면 40조 원 규모의 상장을 준비하고 있었습니다. 그런데 그 열흘 전인 10월 24일 중국 중앙은행장을 비롯한 금융 규제감독 최고 책임자들 앞에서 마윈이 이런 말을 했습니다. "우리는 첨단 핀테크로 서민들의 삶이 나아지도록 도와주고 있는데, 금융감독 하는 당신들은 전당포 식으로 감독하려 든다"라며 상남자답게 시원한 비판을 쏟아냈습니다. 게다가 "지금 중국 경제와 금융에 시스템적인 위험이 있느냐?"는 질문을 받았을 때 "중국은 시스템적인 위험이 없다. 왜냐하면 시스템 자체가 없기 때문이다!"라고 대답했죠.

얼마가 지나 11월 2일이 되자 마윈은 당국에 끌려갑니다. 상장을 이틀을 앞둔 11월 3일에 갑자기 IPO가 무기한 연기됩니다. 전 세계 투자자들은 큰 충격을 받았죠. 그 후 2021년 중반까지 마윈은 공식석상에 거의 나오지 못하고 있습니다. 국내 언론들은 '괘씸죄', '빅테크와 중국 정부 간의 데이터 권력 싸움' 등 여러 해석을 내놓았습니다. 데이터를 통제해 빅브라더가 되려 하는 중국 정부 앞에서 걸리적거리다가 당했다는 식의 분석이 많았습니다.

하지만 좀 다른 각도에서 중국 정부가 잘했다고 분석하는 기사도 있습니다. 영국의 〈파이낸셜 타임즈〉에 의하면 기존 은행들과 달리 앤트 파이낸셜은 규제를 거의 받지 않으면서 단지 개인과 대출은행을 연결해주고 2.5%의 수수료를 받아먹기만 했다고 합니다. 이렇게 파죽지세로 성장하는 알리페이^{AliPay}나 위페이^{WePay} 같은 핀테크 회사들에 대해 중국공상은행이나 중국은행 등 기존 은행 업계의 불만은 이만저만이 아니었을 겁니다. 이에 2020년 9월부터 중국 금융 규제감독 당국이 "너희들도 정식 대출 금융기관으로서 행동하라"고 한 것입니다.

앤트파이낸셜은 전에 없던 지불준비금, 자기자본확충 등이 엄청나게 큰 부담으로 부상했겠죠. 결국 앤트파이낸셜도 테크 기업으로 취급될 땐 40배의 PER를 인정받아 높은 주가가 형성됐겠지만, 새로운 규제에 기존 은행처럼 PER 10배에서 오락가락하는 주가가 될 수밖에 없었죠. 이는 매력 없는 주식으로 전락한다는 뜻이고, IPO를 미룰 수밖에 없었을 것이란 말이기도 합니다.

더 재미있는 것은 미국 CNBC의 분석입니다. 10월 24일, 마윈이 도발적인 언사를 하기 이전부터 사실 감독 당국과 모종의 교신이 있었을 것이라는 유추입니다. 아마도 이 핀테크 회사에 은행처럼 더 많은 규제를 하려 들었던 것이고, 그것에 대해 불만을 가진 마윈은 감히 당국자들과 치킨 게임을 감행하려던 것 아니냐는 것입니다. 일단 IPO를 속전속결로 저질러 버리고 나면 수많은 투자자들의 돈이 몰리겠죠. 그러면 이 핀테크 회사는 거대한 금융기업으로서 대마불사大馬不死가 됩니다. 그 후에는 금융감독 당국이 손을 쓰기엔 너무 늦어버리는 상황으로 간다는 거죠. 어떻게 저런 무모한 생각을 했을까 의아하지만, 마윈의 fWHR을 생각하면 이해가 되는 부분도 있습니다.

그리고 사실 기존의 '핀테크'가 아닌 '테크핀'이라는 단어를 유행시킨 장본인이 바로 마윈입니다. "은행에서 출발해서 기술을 활용하는 것, 즉 핀테크가 아니라, 테크 회사가 금융업으로 치고 들어가는 것이 테크핀이다." 자신들의 파죽지세를 과시하려고 이런 단어를 쓴 건데요. 심지어 '테크핀과 핀테크가 어떻게 다른지 구분하라'가 입사면접 예상질문에도 있다는 얘기도 있습니다. 하지만 이것은 마윈이 앤트파이낸셜 혹은 앤트 그룹의 IPO에서 좀 더 테크 기업에 가까운 가치 평가를 받기 위해서 깔아둔 밑밥입니다. 어차피 록펠러가 석유부터 시작한 다음 금융업으로 치고 들어왔듯이, 수천 년 역사에 어느 산업에서건 돈이 주체할 수 없을 정도로 쌓이면 결국 금융업으로 손을 뻗칠 수밖에 없습니다. 이 점은 새로울 것이 하나도 없습니다. 하지만 밑밥을 얼마나 깔아뒀건 간에, 결국 마윈도 철퇴를 제대로 맞은 거죠.

정말로 '상남자' 관상은 쓰러지지 않는가

나 이런 CEO야

▷ DJ DOC가 부른 노래 '나 이런 사람이야'를 기억하시나요? 거기 이런 가사가 나옵니다. '손발 다 써도 안 되면 깨물어 버리는 나니까'. 지배자적 위치에 올라 인정을 받아야 하는데, 그렇지 못할 때 상남자 관상의 남자들에게서 튀어나오는 폭력적인 성향을 묘사한 표현입니다.

대표적인 것이 1996년 마이크 타이슨의 '핵이빨 사건'입니다. 1997년 6월 28일 당시 헤비급 복싱 챔피언 에반더 홀리필드와 도전자 마이크 타이슨의 경기가 벌어졌습니다. 원래 전적으로 1위는 타이슨이었고, 이 경기가 있기 몇 달 전인 1996년 11월까지는 타이슨이 챔피언이었죠. 하지만 홀리필드가 뜻밖에 선전해 11회 만에 타이슨을 TKO로 이기고 챔피언 타이틀을 가져갑니다. 그에 대한 설욕전으로 타이슨이 도전한 경기였습니다. 홀리필드가 치고 빠지며 교묘하게 붙드는 전략을 구사해 타이슨을 성질나게 했죠. 결국 3라운드 때 타이슨은 마우스피스를 뱉어버리고 이빨로 홀리필드의 오른쪽 귀를 물어버렸습니다. 결국 타이슨은 경기에서 반칙으로 패했고 역사에 길이 남는 사건이 되었습니다.

그렇다면 상남자 관상은 근거 없는 자신감, 속칭 '근자감'과도 연관이 있을까요? 많은 분이 이 얼굴측정치가 근자감의 또 다른 척도가 될 수 있는지 묻습니다. 하지만 데이터로 보면 이 둘의 상관관계는 없었습니다. 그도 그럴 것이 근자감은 남이 알아주든 말든 뚝심으로 장기간 밀어붙이는 성향입니다. 덕분에 근자감 높은 CEO가 이끄는 회사들이 R&D 성과가 좋습니다. 반면 상남자 관상의 성향은 당장 단기적으로 남한테 지기 싫어하는 성향입니다. 만약 타이슨이 정정당당하게 겨뤄도 자신이 이길 것을 확신했다면, 즉 근자감이 높았다면 굳이 상대의 귀를 깨물었을까요? 근자감과 상관없이 당장 패배자가 되는 상황을 못 견뎠기 때문이었을 것입니다. 뒤에서 더 알아보겠지만, 상남자 관상의 CEO가 이끄는 회사들이 R&D 성과는 그다지 좋지 않습니다.

상남자 관상의 CEO, 좋은 회사 성과와 분식회계

상남자 관상이 적극적으로 위험선택을 하는 스타일이라면, 그런 CEO가 이끄는 회사의 성과는 어떨까요? 회사의 경우 창업주의 성격이나 성장 배경 같은 특질이 회사의 문화나 경영 의사결정에 지대한 영향을 미친다는 '윗동네 이론' 차원에서도 좋은 연구 주제입니다. CEO들의 위험선호도를 아주 자세히 알고자 하면 그 사람의 혈액검사나 타액검사로 남성호르몬의 농도를 측정해야 합니다. 아니면 넷째 손가락이 얼마나 긴지 측정해야 되는데, 그 바쁜 CEO들을 언제 불러모아서 다 측정하겠습니까? 대신 그들의 얼굴 사진은 인터넷에 널려 있으니, 구글 이미지 검색으로 찾는 것이 훨씬 쉽고 경제적이겠죠?

그래서 미국 위스콘신 대학 일레인 윙Elaine Wong 교수팀이 2011년 게재한 논문이 바로 상남자 관상의 CEO일수록 회사의 재무적 성과 ROA(return on assets)가 더 좋더라는 겁니다.[2] 경쟁에서 이기려는 호승심을 조직 차원으로 승화시켜서 리더십을 크게 발휘하고 다른 회사들보다 앞서간다는 거죠. 긍정적인 증거입니다.

반면, 독일 프랑크푸르트 대학의 유핑 쟈Yuping Jia 교수, 네덜란드 틸버그 대학의 반 렌트van Lent 교수, 싱가포르 NTU의 야창 쩡Yachang Zeng 교수팀의 연구에 의하면 이러한 상남자 관상의 CEO나 CFO들이 호승심이 강해서 무리수를 두다 보니, 단기실적이 좋도록 과도하게 밀어붙이다가 분식회계 등 불미스런 일로 적발될 가능성도 크다고 합니다.[3] 그리고 싱가포르 NTU의 고물리야Gomuliya 교수팀의 연구에 의하면 분식회계로 CEO가 쫓겨난 다음에 뽑히는 CEO들은 여성형 관상이라고 합니다.[4] 자라 보고 놀란 가슴 솥뚜껑 보고 놀란다는 옛말이 그대로 적용되는 거죠.

이쪽 연구에 흥미를 느낀 저와 신이치 카미야 교수, 그리고 제 제자이기도 한 KT의 박수현 연구원은 미국의 1,500대기업 CEO들 얼굴의 남성성과 회사의 위험감수 행태의 연관성을 연구했습니다. 단순히 성과가 어떠냐의 문제보다도 위험선택이 심하냐 아니냐가 상남자 성향을 더 적나라하게 드러낸다고 봤기 때문입니다. 위험을 선호한다는 것은 양날의 칼이죠. 분석결과 CEO가 상남자 관상일수록 대박과 쪽박을 오가는 스타일이라 회사의 주가 변동성이 높고, 부채비율도 높고, M&A에 돈을 많이 지출하며, CEO의 연봉도 옵션 등에 의존해서 주가 변동성이 커질수록 많이 받아가는 구조로 설계되어 있었습니다.[5]

그런데 혹시 CEO의 벌어진 광대뼈 외에 웃는 표정이나 머리숱 등도 영향을 미치는 것 아닌가 하는 궁금증이 생깁니다. 물론 웃으면 얼굴이 옆으로 약간 벌어지니까 수치가 커질 수 있겠죠. 그래서 최대한 무표정한 사진으로 골라서 연구를 했습니다만, 그래도 약간은 영향이 있을 수 있습니다. 그리고 다른 연구에 의하면 대머리 여부는 유전적인 요인 외에도 남성호르몬이 많은 경우 모근의 힘이 약해져서 그렇기도 하답니다. 그러니 혹시 대머리도 CEO의 성향을 좌우하는지 궁금할 것입니다.

다행히 이것 역시 일일이 수작업으로 연구할 필요가 없습니다. 마이크로소프트 애져^Azure^의 페이스API^Face API^라는 웹사이트에 가면 벌써 수백만 명의 얼굴 빅데이터를 가지고서 기계학습을 시킨 결과가 있습니다.[6] 여러분의 얼굴 사진을 업로드하면 그 사진을 분석해서 각종 수치를 보여줍니다. 오른쪽 그림은 무작위로 CEO 세 명의 얼굴 사진을 페이스 API에 입력한 결과입니다.

각각의 사진에 대해 기계가 알려주는 결과값이 놀랍지 않나요? 제일 먼저 '겉보기 나이'입니다. 세 명의 사진 중에서 가장 나이가 많아 보

무작위 CEO 얼굴 분석

1001

1002

1003

사진파일명		1001	1002	1003
겉보기 나이		51	64	59
성별		남성	남성	남성
감정	공포	0	0	0
	슬픔	0	0.007	0
	혐오	0	0.006	0
	경멸	0.001	0.008	0
	중립	0.981	0.665	0
	행복	0.018	0.306	1
	분노	0	0.008	0
안경여부		Y	N	N
콧수염		0.1	0.1	0.1
턱수염		0.1	0.1	0.1
갈기		0.1	0.1	0.1
대머리		0.95	0.93	0.68

이는 분은 1002번입니다. 성별, 감정, 안경 유무도 파악하고요. 1001번 CEO만 안경을 썼다는 것도 나오죠. 콧수염, 턱수염, 구레나룻 정도도 0~1 사이의 숫자로 나오는데, 여기 계신 분들은 이 모든 털이 거의 없다고 나오죠. 마지막에는 대머리 정도가 나오는데 1이면 완전 없는 것입니다. 표를 보면 1003번만 대머리가 아니라고 나오는데, 그래도 여전히 많이 벗겨진 것임을 0.68이라는 숫자가 말해줍니다. 그리고 얼굴에서 느껴지는 감정도 1003번의 옅은 미소는 행복감일 확률이 1이라고 나오죠? 1001번은 '중립'의 감정일 가능성이 0.98, 1002번은 행복감일 가능성이 0.306이라고 합니다.

그래서 제 논문이 게재된 다음 저는 거기에 썼던 모든 CEO 얼굴을 페이스API로 다시 측정해보았습니다. 그 측정치를 모두 추가로 분석해본 결과, 정말로 CEO가 대머리일 경우 부채비율이 높고, 연봉구조도 주가에 연동되는 것을 확인했습니다. 하지만 이 모든 요소를 통제해도 상남자 관상의 척도인 fWHR가 회사의 위험도나 부채비율, M&A에 대한 투자의 정도와 CEO 연봉구조에 대해 미치는 영향은 변함이 없었습니다. 아주 강력하게 계속적으로 예측할 수 있었습니다.

상남자 CEO의 경영 스타일

'남성호르몬이 많이 분비되는 사람이 부하직원을 많이 거느리더라' 하는 하버드 제니퍼 러너 교수의 연구에 이어서 저는 미국 CEO들의 경우 상남자 관상일수록 큰 회사를 경영하는지 살펴봤습니다. 미국 1,500대 상장기업 CEO들의 fWHR을 측정해, 그 값을 기준으로 줄 세워봤죠.

상남자 관상의 정도와 회사 자산규모

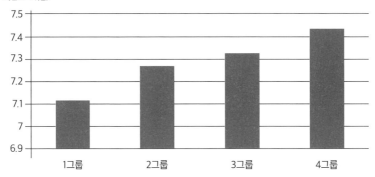

총자산
(100만 달러 단위에
자연로그 취함)

(1그룹: 꽃미남 관상, 4그룹: 상남자 관상)

출처 : 저자의 분석. 미국 1,500대 상장기업
CEO들에 관한 Execucomp 데이터

꽃미남부터 상남자까지 네 그룹으로 나눠서 각각에 대해 회사 자산규모의 평균을 그래프로 나타낸 것입니다. 가장 왼쪽은 가장 꽃미남 관상이고(1그룹), 가장 오른쪽은 가장 상남자 관상(4그룹)입니다. 역시 상남자 관상일수록 더 큰 회사를 경영한다는 것을 알 수 있습니다.

분식회계로 걸릴 때 걸리더라도 단기적으로 재무성과를 높여 큰 회사를 거느리고 싶어 하는 것이 상남자 관상 CEO의 특징이라고 앞서 설명했습니다. 그런 CEO는 지배자적 위치에 오르는 것은 좋아하지만 R&D 투자에는 인색할 가능성이 큽니다. 우선 R&D는 비용으로 처리해야 하기 때문에 당기순이익이 줄고, 이는 단기적으로 ROA에 나쁜 영향을 줄 수밖에 없으니까요.

R&D 성공은 스티브 잡스처럼 남이 알아주건 말건 장기적으로 투자

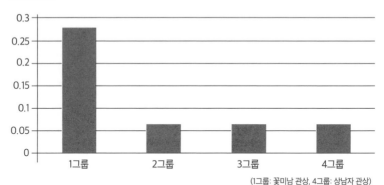

상남자 관상의 정도와 매출액 대비 R&D 투자규모

총자산
(100만 달러 단위에
자연로그 취함)

(1그룹: 꽃미남 관상, 4그룹: 상남자 관상)

출처 : 저자의 분석. 미국 1,500대 상장기업
CEO들에 관한 Execucomp 데이터

해서 승부를 보는 뚝심이 관건입니다. 그러니 남의 눈이 중요하고 당장 눈앞의 단기적 승부를 중시하는 상남자 관상의 CEO라면 R&D를 용납하기 힘들겠죠. 그래서 제가 가진 미국 CEO들 데이터를 가지고 상남자 수준을 네 개 그룹으로 나눠 매출액 대비 R&D 지출액의 비중 평균을 봤습니다. 가장 꽃미남인 관상의 1그룹 CEO들이 R&D에 많이 지출합니다. 빌 게이츠처럼 공부 잘하게 생긴 CEO들을 생각하면 됩니다. 반면 상남자인 CEO는 R&D에 인색한 것을 알 수 있습니다.

R&D 투자에 인색하다면 특허출원 건수도 적을 겁니다. 그래서 제가 미국의 2006년 특허출원 건수와 지원금 받은 횟수에 대한 빅데이터 분석을 해봤습니다. CEO의 상남자 정도를 네 개 그룹으로 나눠 각 그룹에 속하는 회사들의 특허출원 개수의 중위수median를 봤더니 아래 그래

상남자 관상의 정도와 자산 규모 대비 특허 출원 건수

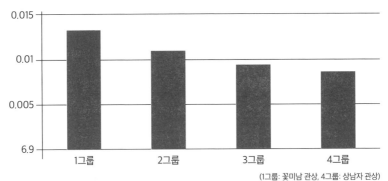

출처 : 저자의 분석. 미국 1,500대 상장기업
CEO들에 관한 Execucomp 데이터

프와 같은 결과가 나왔습니다. 물론 회사 규모가 클수록 R&D에 투자하는 절대 금액이 크니까 특허출원도 많겠죠. 그래서 출원 건수를 자산 규모의 일정액, 100만 달러 단위로 나눠본 것입니다. 즉, 상남자 관상으로 갈수록 특허출원 건수가 줄어드는 것을 알 수 있습니다.

추가적인 분석을 살펴보면 상남자 관상의 CEO로 갈수록 출원한 특허를 신기술로 인정받는 건수도 현격히 줄어듭니다. 특허를 인정받아도 훗날 얼마만큼 인용되느냐에 따라서 이 특허의 공헌도가 높은지 낮은지를 가늠할 수 있습니다. 예를 들면 아이폰 같은 혁신적인 것들에 들어간 특허라면 그 특허를 인용하면서 생태계 안에서 여러 가지 신기술들이 파생되며 기술발전이 이루어집니다. 이것 역시 분석해본 결과 상남자 관상 CEO로 갈수록 특허 인용의 횟수가 적은데요. 인용 횟수가 아예 없는 특허권의 수가 상남자 CEO 지도 하에서는 유달리 많습니다.

원래 R&D는 무기로 치면 원자폭탄처럼 파급효과가 큰 혁신을 목표로 해야 하는데, 회사가 R&D에 인색하니 그럴 수가 없죠. 그러다 보니, 그저 "수류탄 1,000개 만들면 원자탄 1개 되는 거 아니냐?" 하는 식으로 수류탄 연구만 한다는 겁니다. 당연히 성과는 나쁠 수밖에 없고, 남들이 별로 알아주지도 않죠.

또 특허권이 나와도 그것이 남들 다 하는 분야에서 받은 특허인지 아니면 생소한 분야에서 거둔 성과인지를 살펴봤습니다. 분석결과, 상남자 관상을 가진 CEO가 이끄는 회사에서는 주로 그런 파급력이 약한 연구들이 벌어졌다는 사실을 확인했죠.

이와는 대조적으로 남들이 아직 하지 않은 분야에서의 탐험적으로 받는 특허권 개수를 봤습니다. 말하자면, 아무리 지금 대세가 파리 연구라고 해도 "나는 도마뱀의 발바닥을 흉내 내서 스파이더맨 대신 리저드맨을 만들겠다"는 식의 연구를 얼마나 했는가를 보면, 상남자보다는 약간 여성형 관상의 CEO(2그룹)가 이끄는 회사가 전에 없던 분야에서의 특허를 출원한 개수가 가장 많은 것으로 나타났습니다.

상남자는 희생적이며 적극적인 세일즈맨

▷ 이제까지의 내용만 보면, "상남자 관상은 부정적이기만 한가?" 하는 의구심이 들 겁니다. 만약 부정적인 영향력만 있다고 하면 지난 수만 년간 인류사에 진화하는 과정에서 상남자 관상들이 도태되지 않았을까? 하지만 오히려 이런 분들이 그룹의 리더로 인정도 잘 받습니다. 왜 그럴까요? 이분들이 위험한 선택을 하더라도 조직 전체에 가져오는 효익이 크기 때문이겠죠.

그런 효익 중 첫 번째로 발견된 것은, 이 상남자 관상 CEO들이 '집단의 성공을 위해 일한다'는 것입니다. 이 사람들은 집단 간의 경쟁이라는 상황에서 제일 먼저 나서서 자신의 이익을 양보하고 집단의 성공을 위해 헌신합니다. 때문에 자기 집단에서 리더로서 더욱 인정받는 것입니다.

스티랏Stirrat 교수와 페렛Perrett 교수팀은 2012년 논문에서 세인트앤드루스 대학의 남학생들을 대상으로 실험을 했습니다. 우선 서로 만나거나 알지 못하는 상태로 컴퓨터로만 실험을 합니다. 전원에게 각자 5파운드씩 주고 무작위로 여섯 명씩 팀을 짜줍니다. 학생들은 자기가 받은 5파운드 중 일부를 자신의 팀을 위해 낼 수 있습니다. 그래서 만약 팀 전체에 모인 돈이 12파운드 이상이면 빙고! 낸 돈은 못 돌려받지만, 각자 5파운드를 추가로 받고 끝납니다. 하지만 만약 12파운드가 안되면 꽝! 낸 돈은 고스란히 시스템에 뺏기고, 내지 않고 남겨놓은 돈만 가지고 끝납니다.

이 상황에서 게임에 참가한 수십 명의 학생들을 절반으로 나눠 A그룹 학생들에게는 시작 전에 "이건 팀 내부에서 너희들 각자가 상대적으로 얼마나 더 많은 돈을 버는지 알아보는 게임이야"라고 말해줍니다. 반면 B그룹 학생들에게는 "이건 (너희의 앙숙인) 에든버러 대학팀에 대항해서 너희 세인트앤드루스 대학팀이 그룹 차원에서 돈을 얼마나 많이 버는지 알아보는 게임이야"라고 말해줍니다.

A그룹의 상황은 우리나라 고교내신제같이 그룹 내 상대평가가 중요합니다. 이 상황에서는 상남자 관상의 학생일수록 돈을 안 내더라는 것입니다. 그래야 자기가 상대적으로 더 많은 돈을 남겨서 1등 하니까요. 하지만 B그룹의 경우는 달랐습니다. 앙숙인 타 대학과의 승부라고 알려주었더니, 오히려 상남자 관상 학생들이 더 많은 돈을 적극적으로 냈습니다. 일단 우리 팀이 이기고 봐야 하기 때문에 집단 간의 승부에서 모두를 위해 자기 돈을 넣었다는 것입니다.

두 번째 효익은 적극성입니다. 상남자 관상인 사람들은 적극적으로 사람을 만나고 다니는 성향입니다. 이것이 긍정적으로 작용하면 고급정보를 빨리 구할 수 있고, 세일즈맨으로 성공하기에도 좋습니다. 2019년 싱가포르 NTU의 화이 짱Huai Zhang 교수와 야창 쩡 교수팀이 회계학의 탑 저널인 〈JARJournal of Accounting Research〉에 게재한 논문이죠. 중국의 주식 애널리스트 3,000여 명의 얼굴 사진을 확보하여 분석해보니, 상남자 관상의 애널리스트들은 회사 탐방을 적극적으로 많이 하고 돌아다니는 덕분에 고급 정보가 더 많았고, 그래서 회사의 실적 EPS 예측도 더 정확하게 하더랍니다. 탐방을 몇 번 했는지에 대한 데이터가 있기 때문에 가능한 연구였죠. 특히 동양인의 경우 공격성을 많이 억눌러야 하는 문화적 환경 탓에, 이 사람들의 공격성이 사회생활에서의 적극성으로 나타난 것 같다는 해석을 했습니다.

상남자 관상 펀드매니저의 성과

가로로 넓고 세로는 짧은 납작한 얼굴을 가진 남자들은 사회적으로 지배자적 위치로 빨리 가고자 하는 욕구가 크고, 그 성취 욕구가 긍정적으로 발현되면 적극적인 사회생활로 조직에 많은 공헌을 하는 반면, 그렇지 못하면 무리수를 두는 바람에 부담을 줄 수 있다는 것이 밝혀지고 있습니다. 옛날 스타일 경제학자들은 이런 얘기를 하면 "그럴 리가!" 하면서 심심풀이로 보는 관상가들의 우스갯소리 정도로 취급하곤 합니다. 하지만 제가 이 책에서 말씀드린 내용들은 회계학, 경영학 분야의 세계적인 탑 저널은 물론이고 신경내분비 학계 저널에도 소개되는 이슈들입니다. 2021년에는 재무학 분야의 탑 저널인 〈JFQA〉에도 납작한 얼굴에 관한 논문이 게재됐습니다. 하버드 경제학 박사과정을 3년만에 졸업하여 싱가포르의 국가대표 천재라고 하는 멜빈 티오Melvyn Teo 교수와 미국의 얀 루Yan Lu 교수의 논문입니다.

티오 교수팀은 미국 헤지펀드매니저 2,446명의 얼굴 사진을 모아서 가로세로 측정을 했고, 이들이 굴리는 펀드의 알파, 벤치마크 대비 수익률과 어떻게 연관되는지를 봤습니다. 물론 펀드마다 스타일이 다르니 스타일 벤치마크 요소들을 다 통제해주고 나서 봤다는 얘기입니다. 이렇게 펀드 실적을 보는 것은, 펀드매니저의 경우도 지배자적 위치에 대한 욕구가 심할 경우 투자에 무리수를 두어 일을 그르칠 수 있기 때문입니다. 예를 들면 납작 관상의 CEO가 차입 경영을 많이 하듯이, 납작 관상의 펀드매니저들은 레버리지를 많이 올려서, 속칭 '빚투'로 '모 아니면 도' 스타일로 투자했다가 잘되면 완전 대박이지만, 잘못되면 완전 '폭망'할 수 있습니다.

그래서 티오 교수팀이 분석해보니, 상남자 관상 펀드매니저들의 퍼포먼스가 꽃미남 관상의 매니저들보다 나빴다고 합니다. 특히 들고 있던 주식들을 급매물로 내놓을 확률이 크고, 펀드가 망할 확률도 크다고 합니다. 이런 펀드매니저들은 보다 적극적으로 펀드에 대해 세일즈를 해 들어오는 투자금도 많고 수수료 수입도 많다고 합니다. 그런데 이러한 상남자 펀드매니저도 결혼하고 아이를 낳은 후에는 그러한 경향이 다소 줄어든다고 합니다. 본인이 상남자 관상이신 분들은 얼른 좋은 배우자를 만나시길 바랍니다. 이미 배우자 있으신 분들은 여러분의 '거친 생각과 불안한 눈빛'을 지켜주면서 여러분을 '세상에서 제대로 살게 해주는' 배우자 분께 한 번 더 깊이 감사하시고 업어 주시기 바랍니다.

빌 황의 아케고스 사태

▷ 글로벌 학계에서 이런 연구 논문이 게재되자마자 기가 막힌 타이밍으로 현실에서 관련된 사건이 터집니다. 2021년 3월의 마지막 주말, 갑자기 월스트리트에 메가톤급의 사건이 벌어집니다. 전 세계 최고 투자은행으로 유명한 골드만삭스가 갑자기 중국 관련 주식뿐 아니라 비아콤 CBS 등 텔레콤 주식들까지 약 22조 원어치에 달하는 주식들을 블록 딜block deal로 다른 투자자들에게 팔아넘긴 것입니다.

블록 딜이란 한 종목의 주식을 시장에 한꺼번에 너무 많이 팔 경우, 사려는 사람이 부족해서 가격을 엄청 낮춘 후에 팔 수밖에 없는데, 이를 막기 위해 사적으로 살 만한 지인에게 미리 연락해서 좀 덜 내린 가격으로 한꺼번에, 덩어리로 다 팔아넘기는 거래를 말합니다. 그리 이런 상황은 대부분 강제청산 당하는 '마진 콜margin call' 즉, 투자 손실로 인해 발생하는 추가증거금 요구가 있을 경우에 발생하죠. 골드만삭스를 비롯한 많은 투자은행의 거물급 고객 하나가 갑자기 마진 콜을 당했고, 그로 인해 보유 주식을 대량으로 급하게 내다 팔아야 하는 상황에 처했다는 의미입니다. 애당초 레버리지를 많이 가져갔기 때문에 이런 마진 콜도 당하죠.

이와 함께 40조 원가량의 관련 주식 시가총액이 증발해버렸습니다. 골드만삭스처럼 발 빠르게 팔아치우지 못했던 굵직한 투자은행들은 엄청난 손실을 봤죠. 그 사건의 중심에는 한국계 미국인 펀드매니저들 중 가장 큰 규모의 펀드를 운용해온 빌 황Bill Hwang의 아케고스Archegos라는 패밀리 오피스family office가 있었습니다.

패밀리 오피스는 특정 가문의 돈을 펀드로 운용하는 회사입니다. 아케고스는 초고액 자산가의 집안 자산을 운용해주는 패밀리 오피스였습니다. 운용하다가 망해도 투자금을 맡긴 가문 사람들만 손해를 보기 때문에 대외적으로 펀드의 투자전략이라든가 성과 등에 대해서 금융감독 당국의 규제를 거의 받지 않고, 헤지펀드보다 자유롭게 운용할 수 있죠. 록펠러 가문에서 시작한 록펠러 패밀리 오피스가 대표적인 형태이고, 레이 달리오, 빌 게이츠 같은 거부들이 자산을 관리해줄 집사들의 회사를 따로 두는 것도 이 개념입니다. 몇 개의 가문이 연합해서 자산을 운용하도록 하는 멀티 패밀리 오피스도 있고요. 우리나라에서도 증권사에서 프라이빗 뱅킹 부문을 발전시켜 초고액 자산가들을 위한 멀티 패밀리 오피스를 시도하고 있습니다.

빌 황은 고등학교 때 미국으로 이민 가서 UCLA 학부를 거쳐 카네기 멜론 대학의 MBA를 졸업하고, 1990년대에 현대증권 뉴욕 법인에서 일했습니다. 앞에서 소개한 앙드레 리가 거쳐간 홍콩의 페레그린 증권에서도 일했고, 1996년에는 줄리안 로버트슨의 타이거펀드에 들어가서 꽤 인정받으며 일하기도 했다고 합니다. 사실 로버트슨의 펀드는 닷컴 버블이 한창일 때 버블이 곧 꺼질 것이고 꺼져야 한다며 정의의 사도처럼 공격적으로 공매도를 쳤다가 망한 것으로 유명합니다. 이때에도 빌 황은 홍콩에서 나름 선방했다고 합니다.

그래서 로버트슨의 미국 펀드는 망했지만, 빌 황은 그 후에도 계속 인정받아 2001년 홍콩에서 타이거 아시아매니지먼트를 별도로 설립할 때도 로버트슨이 돈을 맡겼다고 합니다. 그는 빌 황이 독실한 기독교 신자라는 점을 특히 높이 산 것 같습니다. 빌 황은 50억 달러, 한화 약 6조 원 정도를 관리하면서 공격적인 투자를 했습니다. 그러다가 2012년에 중국은행, 중국건설은행에 주식의 내부자 거래가 적발되어 6,000만 달러의 벌금을 내고 4년간 홍콩 증시에서 거래금지 처분을 받죠. 그는 2013년에 미국으로 돌아가 다시 아케고스를 설립하고 다시 투자를 시작합니다. 아케고스는 그리스어로 '인도자' 혹은 '예수'를 뜻한다고 합니다.

빌 황의 얼굴 사진으로 fWHR을 측정해보면 1.94 정도로 나옵니다. 거의 타이슨과 비슷한 정도로 상남자 관상이죠. 상남자 관상의 빌 황은 늘 무모할 정도로 공격적인 투자를 감행했습니다. 아케고스의 경우도 40~50조 원 정도의 돈을 운영할 정도면 일단 안정성을 위해서 자산을 배분하고 퀀트를 동원해서 포트폴리오 분산투자를 하는 것이 기본인데, 전혀 그렇게 하지 않았습니다. 소수의 중국 주식 텐센트와 바이두, 그리고 중국의 온라인 교육 플랫폼인 GSX와 미국 미디어 종목들 몇 개에만 집중투자를 했다는 겁니다. 그것도 레버리지를 최대한으로 올려서 자기 자본의 5배가량을 '토탈 리턴 스왑total return swap'이라는 파생상품 형태로 투자은행들로부터 빌려서 투자한 겁니다. 다른 헤지펀드 매니저들의 증언으로는 보통 레버리지를 올려도 1.5배 정도에서 그친다고 합니다. 그러니 미중 간 경제전쟁에 중국 관련 주식들 가격이 급락하고, 곧장 "감당할 수 있겠어?" 하는 마진 콜이 들어오는 거죠. 물론 증거금을 낼 수가 없으니 들고 있던 주식들을 급격히 내다 팔아야 했고, 가격은 더욱 폭락하는 상황으로 치달은 거죠. 해당 주식들이 계속 뻔히 내려갈 상황을 파악한 다른 헤지펀드들은 "쟤네가 물렸댄다!" 하면서 피라냐처럼 공매도 포지션을 잡을 수밖에 없고, 이 사태로 결국 돈을 번 쪽은 수많은 다른 헤지펀드들이었습니다.

준법감시 레그텍이 더욱 중요해지는 시대

아케고스 사태는 단순히 한국계 뱅커가 크게 한 건 사고쳤다는 스토리로 끝나지 않고, 핀테크 차원에서도 많은 교훈을 줍니다. 골드만을 비롯한 글로벌 투자은행의 준법감시compliance 부문들은 뭘 했는가 하는 겁니다. 핀테크의 중요한 부분인 레그텍reg tech인데, 모두 준법감시에 관한 거죠.

투자은행마다 사실 프라임 브로커리지prime brokerage해서 헤지펀드나 패밀리 오피스들이 주식을 사고팔 때에 주문도 넣어주고, 오피스 공간도 빌려주고 등등 부대 서비스를 해주면서 돈을 버는 게 짭짤합니다. 그래서 큰손 고객들을 놓치기 싫을 겁니다. 하지만 고객을 제대로 알라는 KYC 차원에서 이런 빌 황 같은 사람들이 운용하는 펀드는 가려서 받아야 한다는 겁니다. 위에서 제가 제시한 최신 연구들을 봤을 때 얼른 손쉽게 생각할 수 있는 것은 펀드매니저의 AI 관상이 상납자인지부터 파악하는 겁니다. 그렇게 해서 서비스 수수료를 많이 받든가, 아니면 만일을 대비하는 충당금을 많이 쌓든가, 아니면 레버리지 한도를 줄이든가 해야겠죠.

레그텍과 관련해 또 하나 중요한 게 있습니다. 투자자들이 거래 상대방에게 사기를 당하지 않는 가장 쉽고도 효과적인 방법은 '전과가 있는 사람들이나 이해관계 상충으로 문제가 됐던 사람들이 관리하는 펀드를 피하는 것'입니다. 이와 관련해서 스티브 디막Stephen Dimmock 교수팀은 2001~2006년까지의 1만 3,583개 투자 자문사들이 증권감독원에 제출한 Form ADV 리포트들을 빅데이터 분석했습니다.[7] 이들이 투자 자문하는 펀드들의 규모만 다 합쳐도 32조 달러가 되어 모든 뮤추얼펀드와 기관투자자들과 헤지펀드를 아우르죠. '배운 게 도둑질'이라는 말처럼, 뭔가 불법적인 방법으로 돈을 벌던 사람들은 처벌받은 다음에 돌아와도 또 비슷한 무리수를 두다가 말아먹기 때문입니다. 빌 황이 2012년에 내부자 거래 혐의로 천문학적인 벌금까지 냈던 전과가 있고, 그로 인해 월스트리트 블랙리스트에 올라갔다면 당연히 골드만이든 노무라든 투자은행 프라임 브로커들은 이 사람의 패밀리 오피스는 고객으로 받지 말아야 했습니다.

아직도 빌 황의 아케고스 사태는 피해액을 산정하는 중이고, SEC의 조사가 계속된다고 합니다. 현재까지 밝혀진 피해만 해도 상당합니다. 55억 달러 피해를 입은 크레디트스위스은행의 경우는 최고 컴플라이언스 책임자와 투자은행 부문장이 쫓겨났습니다. 모건스탠리도 10억, 스위스의 UBS는 7.7억, 노무라는 28억, 미쓰비시 UFJ은행은 3억 달러의 손해를 봤습니다. 추가로 지금 아케고스는 전직 직원들에게 아직도 6,000억 원어치의 보너스를 지급해야 하는 상황이라고 합니다.

한 가지 생각해봐야 할 것이 또 있습니다. 빌 황의 선친이 목사여서인지 아니면 그가 신앙심이 워낙 깊어서인지 둘 다인지 몰라도, 한국의 교회들이나 미국의 교민교회들이 빌 황의 신앙간증을 들었더군요. 그 비디오들이 유튜브에 좀 있죠. 미국의 기독교인들을 대상으로 한 영어 비디오들도 있습니다. 아무래도 미국에서 목회 활동을 하는 교회들이 빌 황을 데려다가, 한인교포들을 향해서 "기도 열심히 하고 믿으면 이렇게 물질적으로도 성공한다!"는 것을 보여주려고 한 것 같습니다. 힘겨운 교민사회에 희망을 주기 위해서겠죠. 하지만 아무리 월스트리트에서 거물이 된 한민족 교포라고 하지만, 2012년 내부자 거래혐의로 글로벌 증권 업계에서 천문학적인 액수의 벌금을 냈고, 블랙리스트까지 올라간 사람을 2019년에도 여전히 띄워준 종교단체들에 대해서는 안타깝다고밖에 말하지 못하겠습니다. 그가 자신의 과오를 통렬히 반성하고 증권 업계를 떠나 새 삶을 살겠다면 모르겠지만, 그저 자기가 '힘든 일을 당해서' 아무도 의지가 되어주지 않을 때 성경책을 읽고 신앙심이 깊어졌다거나, 그 벌금을 냈더니 그의 어머니가 "세금 내는 셈 치자"는 식으로 말하는 것은 자신의 죄과에 대한 반성이 전혀 없는 겁니다. 세금은 죄 없어도 '가이사의 것은 가이사에게 돌리는 것'이죠. 빌 황이 무죄인데 낸 세금이 아닙니다. 엄연히 내부자 정보를 가지고 불공정거래를 했으니, 심각한 사안이었습니다. 그렇게 교묘한 신앙고백이라니요. 이게 하나님 사랑의 원대하심을 보여주는 것일까요? 돈, 미국, 학벌, 출세, 월스트리트라는 우상의 제단에 하나님의 이름을 팔아 단체로 신앙고백 하게 인도하는 것은 아닐까요?

상남자불사 월스트리트 뱅커의 세계

▷ "휴! 그 팀버울프 금융상품은 (우리가 팔았지만) 참 똥 같은 딜이었네!(Boy, that Timberwolf was one shitty deal!)"

서브프라임 모기지 사태로 촉발된 2008년 글로벌 금융위기를 가까스로 수습하고 반성하는 과정에서 미국 상원 청문회가 있었죠. 그 와중에 탐욕스럽고 무책임한 월스트리트 뱅커들에 대한 일반 대중의 분노를 가장 많이 폭발시킨 것이 상원의 청문회에서 나온 골드만삭스 내부 이메일입니다. 바로 이 부분이죠.

이것은 2006년 골드만삭스의 한 뱅커가 가치산정이 거의 불가능한 파생상품 CDO 6억 달러, 7,200억 원어치를 폭탄 돌리기 하면서 고객에게 판 뒤, 내부자들끼리 돌린 이메일에 나온 문장입니다. 청문회에서 미시건 주의 민주당 의원인 칼 레빈Carl Levin이 골드만삭스의 경영진과 책임자들을 문책하면서 이 문장을 여러 차례 반복해 읽으면서 "어떻게 이딴 식으로 '똥 같은 CDO 금융상품'들을 만들어 선량한 고객들에게 팔아먹어 가며 배를 채울 수 있냐?" 하면서 질타했죠.

사실 역사의 아이러니가 바로 그 청문회에 있었습니다. 막상 그 질타를 현장에서 받고 TV방송에 얼굴 팔린 골드만의 뱅커는 해당 이메일을 쓴 사람이 아니라, 애꿎은 후임자 다니엘 스팍스Daniel Sparks였어요. 정작 그 이메일의 주인공 톰 몬태그Tom Montag는 거기 없었습니다! 스팍스도 자기가 아니라 전임자 몬태그가 쓴 거라고 항변했지만 이미 버스는 떠났고 대부분은 이분 얼굴을 그 비윤리적인 골드만의 뱅커로 더 기억할 겁니다.

그럼, 대체 몬태그란 사람은 누구고, 어떻게 청문회를 피했을까요? 금융위기를 거치면서 잘려서 업계에서 퇴출되었을까요? '그렇겠지' 하고 생각하셨다면, 아직 순진하신 겁니다.

2014년 8월 20일, 〈파이낸셜 타임즈〉에 이런 기사가 나옵니다. 톰 몬태그가 미국 최대은행 뱅크오브아메리카 메릴린치의 2인자, 즉 COO로 승진했다고요.

이건 뭐죠? 그는 서브프라임 모기지 시장의 버블이 완전히 터지기 직전인 2007년 12월에 저 문제의 이메일을 날리고 얼마 지나지 않아 골드만을 떠났습니다. 어디로? 경쟁사인 메릴린치로요. 2008년 즈음에 메릴린치는 CEO를 존 테인John Thain으로 갈아치웠는데, 그가 옛날 골드만에서 몬태그의 보스였어요. 그래서인지, 2008년 4월에 몬태그는 메릴린치에 스카우트되었고, 거기서 글로벌 세일즈와 트레이딩의 헤드로 일합니다. 공격적으로 CDO 파생금융상품들을 파는 사람들의 우두머리인 거죠.

그러다가 2008년 9월 리먼이 무너질 때 같이 휘청거리던 메릴린치가 의지할 곳이라곤 뱅크오브아메리카밖에 없어서 합병당했습니다. 당시 메릴린치가 부실했던 이유는 이 사람이 맡고 있던 바로 그 부서에서 나온 파생상품 손실 때문이었죠. 그래서 타프TARP라는 구제금융도 받아야 했고, 결국 얼마 안 가 CEO 존 테인도 잘려나갑니다.

그런데 우리의 몬태그는 자신을 등용해준 보스가 잘리는 와중에도 살아남았습니다! 목숨이 몇 개라도 되는 걸까요? 그 정도가 아닙니다. 나중에 뱅크오브아메리카 금융그룹의 글로벌 뱅킹 앤드 마켓 부문의 최고 책임자가 됩니다. 그리고 2014년에는 결국 넘버투라고 할 최고 영업 책임자 COO까지 되었죠. 미국 2대 은행의 2인자, 그리고 현 CEO 브라이언 모이니한Brian Moynihan이 나가고 나면 후계자가 될 가능성도 크다고 합니다. 그리고, 더욱 재미있는 것은 몬태그가 2011년부터 16년까지는 뱅크오브아메리카에서 CEO보다도 많은 연봉을 받았고, 2017년부터는 CEO 다음으로 많은 연봉을 받고 있다는 겁니다.

물론 실적 좋은 뱅커는 CEO보다도 연봉을 많이 받는 것으로 유명합니다만, 금융위기 이후에 뱅커에 대한 민심이 아직 회복되지도 않았는데 몬태그가 튀는 것에 대해서 미국의 증권감독기구SEC에서 서면 보고를 지시합니다. 이 사람한테 왜 이리 많은 돈을 줘야 하는지, 연봉의 구체적 구성요소가 어떻게 되는지 조목조목 밝히라고요. 우리나라에서는 대기업 사장의 연봉구조가 어찌 되는지 함부로 묻지도 못하는데, 역시 미국은 다르긴 합니다.

이런 몬태그의 관상은 어떨까요? 그의 fWHR는 1.946로 타이슨급입니다. '똥 같은 딜'이든 '폭탄 돌리기'든 간에, 일단 우리 조직을 먹여살리기 위해서라면 뭐든 팔겠다는 세일즈맨입니다. 고객 입장에서 보면 윤리적으로 문제가 많을지라도, 주주나 부하 입장에서 이 사람은 어떻게든 돈을 벌어주는 보스적 인간형입니다.

자, 이게 금융업의 미래와 무슨 상관이냐고요? 트럼프가 대통령이 되자마자 2008년 금융위기에 대응해서 금융시장의 안정을 도모하려는 많은 정책들, 대표적으로 '볼커 룰Volcker Rule' 같은 것들을 폐지하려고 나섰죠. 월스트리트에 상남자의 시대가 다시 온 것 같습니다. 흔히 "그때 그 사람 : 위기의 주역들 지금은 뭐하나?" 하는 류의 기사들이 나올 때 다루는 뱅커들은 리먼브라더스의 딕 폴드Dick Fuld나 시티뱅크의 척 프린스Chuck Prince 같은 CEO인데, 이분들은 상징적인 인물일 뿐입니다. 사실 그 밑에 행동대장으로 일하던 몬태그 같은 사람들이 뭘 하는지가 더 중요하다고 봐야 하지 않을까요?

흔히 금융업종이 나라 경제에 미치는 문제를 도덕적 해이 차원에서 대마불사라고 합니다. 너무나 커서 망하면 나라가 망할 지경이니, 울며 겨자 먹기로 세금으로 살려준다는 뜻이죠. 제가 보기에 우리는 지금 '상남자불사'의 금융 세계에 살고 있는 게 아닌가 싶습니다. 그래서 버블과 패닉의 역사는 계속 반복되나 봅니다.

너의 리스크가 들려

▷ 앞에서 요즘은 신언서판을 AI로 측정, 분석해서 적절한 자리에 뽑을지 말지 알려주고, 금융 고객에 대해서도 더욱 잘 파악할 수 있다는 이야기를 했습니다. 음성인식 기술도 대단히 활용도가 높고 중요합니다. 목소리도 디지털 분석해서 이 목소리가 홍길동 목소리인지 장길산 목소리인지 구분하는 것만 중요한 게 아니라, 이 사람이 말하는 음성의 피치와 어조의 변화를 분석해서 유추할 수 있는 정보들을 가지고 위험관리에 활용할 수 있기 때문입니다. 그중 하나가 음성의 높낮이, 즉 피치pitch입니다.

2차 성징으로 얼굴 광대뼈만 남성호르몬의 영향을 받는 것이 아닙니다. 여러분 목의 성대야말로 남성호르몬의 영향을 많이 받습니다. 그래서 남성호르몬이 많이 나올수록 성대가 커지고, 그럴수록 소리를 내기 위해 떨리는 과정에서 진동수가 느려지죠. 그래서 낮은음이 나옵니다.[8] 큰북과 작은북을 생각해보세요. 사춘기 아들딸을 두신 분들은 아들의 변성기를 떠올려보면 됩니다. 그 시기가 지나면 거의 평생 그 목소리로 가죠.

이것 역시 진화생물학적으로 설득력이 있습니다. 생물학 연구에 의하면 여성들은 목소리가 중저음인 남성에게 더 매력을 느낀다고 합니다. 저 사람이 더 건강하고, 싸움도 잘할 것 같고, 뭔가 더 많은 것을 가져다줄 것같이 느낀다는 것입니다. 중저음의 목소리는 주로 울림통이 커야 나오는 것이고, 곰이든 사자든 호랑이든 주로 커다란 육식동물의 소리와 비슷한 강력한 신체구조를 떠올리게 만듭니다. 그래서 우리의 조상님들 중에 그런 낮은 목소리를 낼 수 있던 분들이 경쟁자들에게 더 많이 겁을 주며 쫓아낼 수 있었고, 더 많은 짝짓기의 기회를 가질 수 있었다는 것입니다. 실제로 연구에 의하면, 똑같은 말을 녹음해서 들려줘도 음성을 낮게 변조해서 들려주면 듣는 사람들은 그가 몸싸움도 더 잘할 것 같고, 사회적으로도 더 높은 자리에 있을 것 같다고 느낀다고 합니다.[9]

서던 캘리포니아 대학의 스타 교수 크리스 앨런 파슨스 교수의 팀은 미국 1,500대 기업의 남자 CEO 792명의 목소리 파일을 구해 '프라트 Praat'라는 음성분석 도구로 디지털 분석했습니다. 음성파일은 CEO들이 주주들이나 애널리스트들을 대상으로 실적 보고하는 자리에서 인사하고 회사의 방향 등을 논할 때 시작부터 20초 분량입니다. 투자자들을 향해서 최대한 자연스럽게 자신의 목소리를 내야 하기 때문에 공통적으로 이 부분을 잡은 겁니다.

살펴보니, 남자들 간에는 음성 피치가 낮을수록 더 큰 회사를 경영하더랍니다.[10] 남자 CEO들의 음성 중위수 피치가 125.6Hz(1초 동안 떨리는 진동수로, 작을수록 낮은음)입니다. 상위 3/4에서 하위 1/4로 CEO의 피치가 낮아짐에 따라 운영하는 회사의 자산규모가 4억 4,000만 달러 증가하며, 그들이 받는 연봉도 18만 7,000달러 올라간다고 합니다. 단순 상관관계 연구지만, 남성호르몬이 가지는 지배자적 위치 추구와 맥이 통하는 발견입니다.

우리나라에도 대통령 선거 후보로서 좀 더 권위 있어 보이기 위해 트레이닝까지 하면서 음성을 낮추려고 애쓰신 분이 있습니다. 처음 선거에 나왔을 때는 음성 피치가 너무 높아서 신뢰감을 주기 힘들었다고 합니다. 그래서 지난번 대통령 선거에서는 발성 훈련을 받았다고 합니다. 그래서 제가 한번 측정해봤는데 교정 전에 189.5Hz 정도였던 음성이 교정 후에 180.7Hz 정도로 낮아졌습니다. 약간 낮아진 셈인데, 어느 구간으로 잡느냐에 따라 오차가 있을 수 있습니다. 하지만 위에서 보시다시피 미국 CEO들의 중위수인 125.6Hz에 비하면 아직도 너무나 높습니다.

한국인이나 중국인 등 아시안 계통의 CEO들은 중위수가 확 높아질 테니까 그분의 교정 후 피치와 비슷한 것 아니냐고 묻는 분도 있습니다. 하지만 그렇지는 않습니다. 물론 아시안 CEO들을 대상으로 데이터를 구축해봐야 하겠지만, 180까지는 안 올라갑니다. 보통 120Hz 근처입니다. 음성의 높낮이는 훈련으로 바꾸기 어렵습니다. 그런 면에서 그 분은 다른 방면으로 신뢰감을 주도록 애를 쓰는 것이 더 효과적일 것 같습니다.

이쯤 되면 사실 중저음의 목소리를 가진 CEO가 큰 회사나 큰 무리를 거느리는가도 중요하지만, 그 사람의 위험선호도와 그에 따른 회사의 위험도는 어떻게 되는지도 궁금하실 겁니다. 바로 그게 제가 연구해온 바이기도 하고요.[11] 저와 미시간 대학의 강민정 교수 그리고 KT의 박수현 연구원은 미국의 월스트리트 금융기관 CEO들의 음성 피치에 주목했습니다. 이들이 2008년에서 2009년 전반에 CNBC에서 방송한 월스트리트 은행 CEO들의 인터뷰 음성 파일 167개를 분석했습니다. 초반부 20초 동안 CEO가 끊김 없이 얘기하는 부분을 잡아서 피치를 측정했죠. 물론 이 금융사들의 주가, 실적, 다른 CEO의 연봉구조, 근자감, fWHR 등 기업의 위험도와 연관이 있다고 밝혀진 변수들을 다 통제해 주었습니다.

우선 저희는 같은 CEO라고 해도 아침에 진행한 인터뷰에서는 살짝 더 낮은 목소리가 나온다는 것을 발견했습니다. 이것은 보통 아침에 남성호르몬이 더 많이 나오고, 일반인 남자들도 아침에 목소리가 더 낮다는 것과 일맥상통합니다. 그리고 주가지수가 올라가는 날이면 피치가 더 내려가는데, 이는 자신감이 높아지면서 목소리를 살짝 더 낮출 수 있는 것으로 보입니다. 그리고 CEO들의 말을 모두 받아 적어서 텍스트 마이닝을 했고, 부정적인 단어가 몇 번 나오는지도 살펴보았는데, 부정적인 단어를 많이 말할수록 피치가 올라갔습니다. 부정적인 정보를 말할수록 자신의 입지가 축소되니 자신감이 줄어드는 것을 보여줍니다. 이렇게 상황적으로 목소리 피치에 영향을 주는 것들을 다 통제하고 나서 분석을 했습니다.

　그 결과, 역시 중저음의 CEO들이 더 위험도가 높은 금융기관을 운영하고 있었습니다. 그리고 그런 중저음의 CEO들이 금융위기 직후 더 많이 쫓겨났으며, 쫓겨난 후에는 여성 CEO로 바뀌거나 남자 중에서도 피치가 높은 CEO들로 바뀌었죠. 가장 전형적인 사례가 바클레이즈은행입니다. 금융위기 이전에는 투자은행 부서에서 공격적으로 운영하기로 유명하던 밥 다이아몬드^{Bob Diamond}가 CEO였습니다. 하지만 금융위기를 거치면서 구제금융에 들어가고 쫓겨났죠. 그 후에 들어온 CEO는 소비자금융 출신의 앤서니 젠킨스^{Anthony Jenkins}가 되었죠. 당연히 소비자금융은 투자은행에 비해 훨씬 보수적이고 안정성을 추구하는 업종이죠. 쫓겨난 다이아몬드의 목소리 피치는 111.2Hz로 낮은 반면, 새로 영입한 젠킨스의 목소리 피치는 130.2Hz로 높았습니다.

　그리고 저희는 인터뷰가 방송된 시각을 분 단위로 살펴보고, 그 시각 전후의 주가 변동성을 15초, 1분, 5분, 10분 단위로 분석했습니다. CEO의 목소리가 중저음일수록 주가 변동폭이 처음에는 많이 증가하다가 시간이 지날수록 변동폭은 제자리를 찾았습니다. 중저음의 목소리를 가진 CEO들이 위험도 높은 투자를 선호한다는 것을 투자자들은 이미 알고 있지만, 미디어로 한 번 더 보여줌에 따라 초단기적으로 많이 놀랐다가 점차 원래 위치로 돌아온다는 것입니다.

리먼브라더스가 리먼시스터즈였다면, 중저음 CEO들의 퇴출

월가에서 금융위기 이후 목소리 톤이 낮은 CEO들이 더 많이 쫓겨나고 그 자리에 여성 혹은 고음의 남성 CEO로 교체되었다는 결과에 대해 몇 가지 해석이 가능합니다. 2008년 금융위기를 분수령으로 위험 선택에 있어서 월가는 두 가지 큰 변화를 겪죠. 하나는 단기적으로 2008년 직후에 벌어진 것이고, 다른 하나는 그 이전부터 서서히 있었던 장기적인 변화입니다. 양쪽 다 중저음의 상남자 CEO보다는 덜 상남자적 리더십을 요구하는 문화적 변화가 바탕이 되었습니다.

첫 번째는 2008년 전후 단기적인 월가의 변화입니다. 2008년 위기 이전에는 거의 무제한의 위험추구도 마다하지 않았습니다. 복잡한 신용파생상품을 만들어서 폭탄 돌리기를 했죠. 자신들이 만들어 팔고 있는 상품의 가치를 잘 모르면서 "수학자들이 만든 멋진 금융공학 공식들에 의해서 가격이 결정된다"며 팔아 재낀 겁니다. 신용도가 대단히 낮은 서브프라임 모기지, 우리 말로는 서민 대상 부동산 대출 시장에 돈을 마구 빌려주면서도 신용도 높은 부동산 채권들과 섞어서 CDO란 증권을 만들어 팔면 '포트폴리오 다변화가 되어 안전하겠지' 했죠. 서로 다른 부동산 채권이 동시에 망할 일은 별로 없을 거라는 이유였습니다.

하지만 화불단행禍不單行이라는 사자성어처럼 한 부동산 시장이 망하면 다른 부동산 시장도 마찬가지로 얻어맞습니다. 이자율이라든가 거시경제적 요소라든가 여러 가지 면에서 공통적으로 이끌어가는 변수들이 많아서죠. 그 복잡한 연결들을 수학으로 완벽하게 구조화했을 것 같죠? 문과생 기죽이면서 마케팅하기 딱 좋은 게 "우린 수학적이고 공학적인 것을 쓴다"입니다. 즉 "너네는 이런 수학도 모르니? 그러니까 이걸 투자 못 하지!" 하며 콤플렉스를 자극하는 겁니다. 요즘 AI 관련해서도 많이 들리는 말 같지 않나요?

사실 '모르면 사지 않는다'가 짐 로저스 회장의 투자 철칙입니다. 그러니 잘 모르면 CDO에 투자하지 말았어야죠. 하지만 가치 추정이 되든 안 되든 수년간 지속적으로 저 폭탄이 안 터지고 남들에게 돈을 벌게 해주었다면요? 나만 투자를 안 하고 가만히 있을 수는 없다는 다급한 생각이 듭니다. 빨리 지배자가 되어야 속 시원한 남성호르몬이 발끈 폭발하면서 이 시장에 뛰어듭니다.

어느덧 2008년, 돌리던 폭탄이 터지고 피 같은 국민 혈세로 뒷수습하는 상황이 닥칩니다. 그러면서 도덕적 해이에 빠진 은행가들에게 진저리치며 사람들은 이런 생각을 합니다. 첫째로 '리먼시스터즈였으면 이런 사달이 안 났을 거다' 하는 상남자 문화에 대한 반성과 여성적 리더십에 대한 강조입니다. 무모한 투자는 좀 그만하라는 거죠.

둘째는 '볼커 룰'이라는 규제가 생겼죠. '프랍 트레이딩prop trading'이라고, 은행들이 자기 계좌를 가지고 '내돈내산' 하듯 맘대로 위험한 파생상품을 트레이딩하는 것인데, 더 이상 그것을 못 하게 막았습니다.

셋째로, 볼커 룰을 포괄하는 '도드 프랭크 법Dod-Frank Act'이 생겨서 금융기관들한테 '이제 너희들이 하는 일거수일투족 다 세세하게 자주 감독당국에 보고해'라며 규제를 강화합니다. 그래서 파생상품 쪽으로는 손발 묶인 상황이 된 것입니다.

넷째로는 사회 전반적으로 탐욕스럽고 도덕적 해이가 난무한 뱅커들의 화폐 시스템에 대한 회의가 들어차면서 블록체인에 기반한 비트코인을 쓰자는 사토시 나카모토Satoshi Nakamoto라는 정체불명의 개발자가 쓴 논문이 퍼집니다. 그로 인해 생긴 코인 시장의 열기와 버블, 크래시는 여러분들이 더 잘 아실 겁니다.

2008년 금융위기를 전후해서 월가에 나타난 또 다른 변화는 '기계들의 득세rise of machines'입니다. 인간 트레이더들한테 맡겨 놓으니 탐욕에 눈이 멀어 엄청 위험한 포지션을 많이 쌓아가다가 재난을 초래하더라는 거죠. 때로는 손가락이 너무 굵어서 버튼을 잘못 누르는 실수도 하고요. 그래서 기존의 프로그램 트레이딩을 넘어서서 각종 알고리즘 트레이딩을 추구하게 됩니다.

그리고 기존에는 NYSE 증권시장이나 시카고 선물거래소, 상품거래소에서도 거래인들이 플로어에서 소리소리 지르며 서로 사자 팔자 주문을 정신없이 처리했는데, 이것을 기계로 대체하는 작업들이 급속히 일어납니다. NYSE 같은 경우는 2007년 초부터 종목들의 50% 이상이 전자적으로 거래되기 시작했습니다. 시카고 곡물 거래소도 예전에 밀을 거래하는 거래소에 500명이 빼곡히 들어차서 온종일 소리 지르고 손발짓을 동원해 경매했는데, 2017년에는 5명 정도만 휑하니 오가면서 거래하게 되었습니다. 심지어 2020년 3월은 팬데믹으로 인해 100% 전자적으로 트레이드하기에 이르렀죠.

1980~1990년대에 소리 지르는 거래인들로 빼곡했던 그 바닥은 그야말로 야수적인 공격본능만이 살길이었죠. 그래서 심지어는 발 디딜 틈도 없이 너무 빽빽하게 들어찬 가운데 한 사람이 심장마비로 쓰러졌

는데, 주변에서 아무도 그걸 알아채거나 도와주지 못했다고 합니다.

어쨌거나 그 시절의 뱅커들은 이러한 트레이딩 바닥에서 몸으로 부딪히며 상남자형 외모와 중저음의 위협적인 목소리를 가져야 성공했고, 그러한 사람들이 2000년대에 들어서서 CEO 자리까지 올라갔다는 것입니다. 그러다 2008년 금융위기 후 이 사람들이 물갈이되고, 새로운 CEO들은 전자거래에 익숙한 사람들로 채워져 갔습니다. 그 과정에서 목소리 톤도 높은 사람들이 들어선 것 같다는 것이 성균관대 신영석 교수님의 해석입니다. 신 교수님은 와튼스쿨에서 박사학위를 받은 후 뉴욕에서 헤지펀드매니저로 경력을 쌓으셨고, KB증권에서 부사장으로 근무하신 적도 있습니다. 신 교수님의 해석도 마찬가지로 전보다는 남성호르몬에 훨씬 덜 휘둘리는 월스트리트의 문화적 변화가 아닐까 생각하게 됩니다.

월스트리트에서 만난 AIG와 S&P의 전문가들

▷ 저는 2003년 여름에 MBA를 졸업하고 뉴욕 맨해튼으로 아내와 여행을 갔습니다. 거기서 GARP에서 주관하는 금융 컨퍼런스에 참석했죠. 금융위험관리라는 자격증 시험을 주관하는 조직인지라, 파생상품의 최첨단을 달리는 사람들이 모여서 당시 가장 핫하다는 '카운터파티 크레딧 리스크counterparty credit risk'에 대한 컨퍼런스를 이틀간 한 겁니다. 신혼 6개월째이지만 저는 당시 금융공학이라는 것을 처음 접했고, 재무학 박사학위를 받으려면 금융공학에서 나오는 블랙 숄즈 공식을 도출할 줄도 알아야 한다고 해서 '저것이 나의 미래다' 하는 생각으로 가서 배우려고 했습니다. 아내는 처남과 돌아다니라고 하고요.

막상 들어가서 이틀 동안 100여 명의 청중들 가운데에서 강연을 들으려니 생전 처음 듣는 수학적 개념 용어들에 정신도 없었습니다. '포아송 분포'는 통계학에서 들어봤는데, '포아송 점프'는 또 무언가? MBA의 재무학에서 다루던 것들과는 엄청 달랐습니다. 같은 재무 전공이 맞나 싶을 정도였죠. '난 누군가, 또 여긴 어딘가' 싶었지만, 고집스럽게 이틀간 엉덩이를 붙이고 들었습니다. '언젠가는 마스터하리라!' 다짐하면서요. 그런데 그게 바로 2008년 글로벌 폭망을 이끈 주범인 줄은 꿈에도 몰랐죠.

기본적으로 '신용파생상품'이 출발점입니다. CDS$^{Credit\ Default\ Swap}$라고 하는 이것은 일종의 보험상품 같은 겁니다. 예를 들어 장길산이 저한테 5년 만기로 1억 원을 빌려 갔다고 칩시다. 그러면 저는 뭘 믿고 돈을 빌려줄까요? 떼일 수 있잖아요? 그런 부도 위험에 바들바들 떨고 있을 때 삼성화재가 저한테 옵니다. "걱정 마. 장길산이 부도내면 내가 대신 갚아줄게." 하면서 보험을 들어주겠다고 합니다. 고맙죠? 그러나 공짜는 없습니다. 보험료를 내야죠. 그 보험료는 얼마나 많이 내야 할까요? 장길산의 부도 위험이 클수록 보험료를 많이 내겠죠. 이걸 'CDS 프리미엄'이라고 합니다. 이런 구조의 CDS는 여러 채권들에 관해서 매일 매 순간 거래되고, 그에 따라 CDS 프리미엄(%)이 매 순간 변합니다. 그렇게 빌려 간 채무자의 신용도를 실시간으로 보여줍니다.

자, 그럼 제가 CDS를 든 이상 장길산이 배를 째든 말든 저는 5년 후에 1억 원을 무조건 받을 수 있을까요? 즉, 국고채처럼 완전 무위험으로 받을 게 확실한가요? 보통 이런 것까지 묻지 않고 그냥 무위험인 것처럼 설명하고 끝냅니다. 그런데 만약 삼성화재가 망하면 어쩌죠? 이건 상상하기도 싫은 상황입니다. 그 보험을 들어주겠다는 주체가 망하면 어쩌지 하는 것을 '카운터파티 크레딧 리스크'라고 합니다. '카운터파티counterparty'는 카운터 맞은편에서 나를 마주 보고 앉아 있는 상대방을 부르는 말이죠. "에이! 그럴 리가 있겠어? 삼성이 얼마나 큰 회사인데…"부터 시작해서 "삼성 아니라 삼성 할아버지 보험사라도 재정 건전성이 나쁘면 나라에서 보험업을 하게 놔둘 리 없다" 등 걱정할 것 없다는 주장이 넘칩니다.

하지만 그런 일이 벌어졌다는 겁니다! 그도 그럴 것이 CDS는 보험사들만 제공하는 것도 아니고, 계약하기 나름이거든요. 그리고 계약하는 대상 채권 액수도 혼자서는 감당 못할 때가 있습니다. 게다가 보장 대상이 단순 채무 관계가 아니라, 수백 건의 채무 관계들을 잘라내서 새로이 가공한 CDO라는 파생증권이었죠.

앞서 말한 2003년의 그 컨퍼런스에 가보니 이런 것들에 대한 전반적인 설명과 CDO니 CLO니 하는 복잡한 파생상품의 구조에 대해서도 논의가 오갔습니다. 그리고 피에르 콜렝 듀프레인Pierre Collin-Dufresne 같은 최첨단의 금융공학자들이 와서 자신의 수학적 모델들을 소개했죠. 물론 당시 문과 출신으로 MBA밖에 안한 제가 알아들었을 리도 없고요. 나중에 재무학 박사과정을 공부하면서 "아, 그때 그게 이 말이었어?!" 했습니다. 그런데 당시의 저야 일개 학생으로서 가서 헤맨 거지만, 더 충격적인 사실은 제 바로 옆에서 같이 눈을 껌뻑이면서 주워섬기던 현업의 실무자들도 저와 비슷한 반응을 보였다는 점입니다.

그중 1명이 태국 출신으로 AIG 신용파생상품팀에서 일하던 P입니다. 제가 사람 사귀는 것을 좋아해서 통성명하고 명함을 주고받으며 제 현실을 털어놨습니다. "난 저거 뭔 소린지 모르겠는데, 너는 알겠니?" 했더니 "나도 마찬가지여… 통 모르겠네. 하여간 그래도 사고팔아야 하니까 듣는 거지" 하더군요.

행사에 초대된 연사들을 보면 베어스턴스, 리먼브라더스, 그리고 스위스 은행들인 UBS와 CSFB의 금융공학팀의 수장들이 대부분이었습니다. 그들은 스웨그 넘치는 강의를 이어갔습니다. 리셉션 시간에 신용평가사 S&P의 파생상품 신용평가 담당자가 저에게 이런 얘기를 하더군요. "솔직히 나도 이거 뭔 소린지는 모르겠지만, 대략 좋은 것 같아." 우리나라에서 오신 분도 있었습니다. KPMG 소속 전문가로 카이스트 공학학사 출신들이라 별 어려움 없어 보였습니다. 또 우리나라 굴지의 모 신용카드 회사에서 오신 박사님은 다 알아들으시고 계신 듯해 보여서 안심이 되더군요.

그 후 제가 박사과정을 거의 마칠 무렵인 2008년에 전 지구적으로 금융위기가 왔죠. 공교롭게도 일전의 컨퍼런스에서 논의된 그 이슈 때문었습니다. 서로 신용파생상품, 즉 보험들을 거미줄처럼 복잡하게 들어놓았더니, 가령 AIG가 망하면 거기에 보험 든 다른 신용파생상품 산 사람들도 엄청 큰 손해를 보는데, 그 대비가 부족했기 때문에 사달이 난 것입니다. 제가 만났던 그 팀 그 사람들이겠죠. 또 다른 문제는, S&P나 무디스 같은 신용평가사들이 CDO 신용도를 주먹구구식으로 너무 좋게 평가해주었다는 것입니다. 아마 그분들도 그때 그분들이겠죠? 세미나에서 스웨그를 떨치시던 금융공학자들이 일하던 리먼과 베어스턴

스가 망했으니, 그 관련된 복잡한 신용파생상품의 거래 상대방들은 어쩌냐는 겁니다. 2003년에는 신나게 컨퍼런스를 열었지만, 막상 2008년 폭탄이 터지고 보니 계산도 안 되고 완전 엉망이었습니다.

2003년 그 컨퍼런스에서 만난 분들은 어떻게 됐을까요? 궁금해서 찾아보니 AIG의 P는 버블이 한창 올라갈 때에 AIG를 떠나 다른 은행에서 비슷한 일을 하고 이젠 블록체인 기반의 코인 회사에서 ESG 관련 일을 하더군요. 그리고 우리나라 모 신용카드 회사의 박사님은 요즘 빅데이터 마케팅의 전문가로 강연하시고요.

'금융공학'으로 그 사달이 난 다음, 시장에서 아무도 그 단어를 떠올리지 않게 되었습니다. 당시에는 우리말로 '금공'이라 하면 '금융공학'이었는데 요즘 학부생들에게 '금공'은 '금융공기업'이더군요. 금융공학이라고 하면 이제 빅데이터, 머신러닝으로 텍스트 마이닝, 사진 분석, 동영상 및 음성 분석 등 각종 비정형 데이터를 가지고 분석해서 심리적인 요소들을 수치화해 투자전략에 반영하는 것으로 의미가 변했습니다. 2003년 당시에 금융공학도들에게 베스트셀러 도서로 유명하던 폴 윌못Paul Wilmott 교수는 얼마 전에 《머신러닝》이라는 제목으로 책을 냈습니다. 책 관련한 그분의 유튜브 영상을 보면 인상적인 말씀을 하시죠. 우리가 왜 과거의 금융 데이터들을 가지고 이렇게까지 열심히 공부해야 되냐는 질문에 대해서 "인간들은 같은 실수를 반복하기 때문"이라고요.

상남자 특질 연구라니, 여성차별 아닌가요?

▷ 지금까지 나온 이야기들을 하고 나면 늘 따라오는 질문이 있습니다. 한 학생이 저에게 이런 이메일을 보내왔습니다.

"교수님, 사회적으로 성공하는 데 남성호르몬의 영향이 크다는 연구결과가 여성의 직장 내 유리천장을 더욱 고착화시키는 역할을 하게 되는 것 아닌지 궁금합니다. 교수님과 함께 PBS TV 다큐멘터리에 출연한 하버드대 제니퍼 러너 교수님께서는 화내는 과정에서 남성호르몬이 폭발적으로 분비되어 위험선택을 적극적으로 하게 만든다는 실험을 했습니다. 하지만 화내는 남자들에 대해서는 카리스마 있다 혹은 남자답다는 식으로 인식하는 반면, 화내는 여자들에 대해서는 온갖 욕을 해대는 사회적인 인식 때문에 여자들이 남자들의 방식이 퍼진 곳에서 출세하기 힘들다고 말씀하셨습니다.

그러면 여성의 자신감 표출 방식을 남성의 자신감 표출 방식과는 다르게 받아들이는 사회적 인식 때문에 여성의 성공이 어렵다는 것 같은데요. 그렇다면 적극적이고 도전적인 남성이 다수를 차지하는 월스트리트에서 여성이 사회적인 연합을 어떻게 구성할 수 있는지, 연구결과가 월스트리트의 남성들에게 자신들의 성공에 대해서 당연한 것이라는 인식을 심어주어 여성들의 진출을 막는 것은 아닐지 궁금합니다."

좋은 질문입니다. 우선 제 연구는 남녀차별을 고착화하는 것이라기보다는 현재의 상황을 보다 적나라하게 파악하도록 도와주는 연구라 보는 편이 타당합니다. 지금까지 내용을 읽어보셨듯이 남성호르몬이 넘치는 사람은 양날의 칼과 같습니다. 위험 감수를 많이 해서 대박을 낼 수도 있지만, 쪽박 찰 확률도 그만큼 더 큽니다. 감수를 안 하면 애당초 대박도 쪽박도 없이 안정된 결과를 가져오지만요. 거기다가 자신의 사회적 지위 성취를 단기간에 이루려는 성급함 때문에 오히려 근본적인 기술혁신을 저해하고, 무리수를 둬서 회사나 펀드를 곤경에 빠뜨리는 경우도 많습니다. 그래서 오히려 상남자 관상은 입지가 좁아질 수 있습니다.

그리고 "연구결과가 월스트리트 남성들에게 자신들의 성공에 대해서 당연한 것이라는 인식을 심어주어 여성들의 진출을 막는 것은 아닐지"라는 점에서도 몇 가지 생각해봤으면 하는 게 있습니다.

첫째, 위에서 말씀드린 바처럼 상남자 스타일이 조심해야 하는 것을 지적함으로써 그것이 당연하게 여겨져서는 안 된다는 점을 밝히는 겁니다. 때문에 여성들의 고위직 진출을 막는 것보다는 오히려 여성들의 진출이 더 필요해진 상황을 각성시키는 것이라고 생각합니다.

둘째, 제니퍼 러너 교수가 말한 것은 '화내는 것angry'에 대한 얘기입니다. 화냄으로써 남성호르몬이 폭발하는 상황에 대해 남녀에 대한 인식차이가 있다는 것입니다. 물론 거기서는 여성분들이 불리한 게 사실입니다. 하지만 화내는 것이 조직에 가져오는 부정적인 효과도 많기 때문에 그런 점에서 여성적인 리더십이 더 중요해졌습니다. 그런 점에 대해서는 앞으로 더 연구해봐야 할 겁니다.

셋째 현실적으로 월스트리트뿐만 아니라 기업경영이나 정치 등 대개 위로 가면 갈수록 자신감 표출이 중요합니다. 화내는 것이나 상남자 정도와는 별개로 지도자 자리에서는 적당한 근자감이 필수입니다. 그건 우리나라나 미국이나 마찬가지입니다. 그래서 여성 지도자들도 기선을 제압하기 위해 목소리를 낮게 깔고 이야기하려고 애씁니다. 독일의 앙겔라 메르켈Angela Merkel 전 총리를 비롯해 유럽 중앙은행 총재인 크리스틴 라가르드Christine Lagarde, 미국 재무장관인 자넷 옐런Janet Yellen 등이 그렇습니다. 우리나라 여성 지도자들도 적절하게 근자감 표출하면서 팀을 잘 이끌어 가는 멋진 분들 많이 있습니다. 식빵언니 김연경 선수처럼요.

자신감 표출이 중요한 것이 직업의 세계이고, 특히 외국계 회사는 더합니다. 저희 학생들을 봐도 그렇습니다. 남학생들도 그렇지만, 특히 여학생들 중에 외국계 회사를 가는 친구들은 발성부터 다릅니다. 성악 발성처럼 배에서부터 나오는 자기의 진성을 크게 내면서 자기 생각을 늘 스스럼없이 담대하게 말합니다. 그래야만 그 바닥에서 "음! 프로페셔널하군!" 하면서 말하는 바를 믿어주거든요. 큰 목소리로 당당하게 자기 주장하는 여학생들을 '쎈 언니' 같다며 부정적으로 볼 수도 있지만, 필시 그런 철 지난 마인드를 가진 사람은 여성의 승진을 못마땅하게 여기는 차별적 고정관념을 가졌을 것입니다.

그리고 외국계 회사 가는 친구들은 눈빛과 태도부터 다릅니다. "안녕! 난 XYZ대학 출신 ABC야! 반가워!" 하면서 자신감 있게 나가죠. 외국에서는 자신감 없는 목소리나 표정 등을 보이면 곧바로 무시당하기 때문입니다. 물론 XYZ가 하버드면 당연히 목소리가 더 크겠죠. 하지만 알려지지 않은 대학 출신일 경우 더욱 더 거기서 판가름 됩니다. 남이 알아주든 말든 당당하게 "나 XYZ대학 출신이야!" 하고 말하는 사람은 관심을 끌고 기회를 잡을 수 있습니다. 하지만 기어들어 가는 목소리로 시선을 깔고 "Xyz…" 하는 사람은 처음부터 잘립니다. 왜냐고요? 나중에 이 선수하고 같이 일할 때를 생각해보세요. 전자라면 이 사람은 나랑 같은 팀이 되면 늘 자랑스럽게 우리 팀과 회사를 남들에게 선전하고 돌아다니겠죠. 하지만 후자라면 우리 팀과 회사를 늘 부끄럽게 여기면서 남들 앞에서도 존재감 없어 보이게 만들 겁니다. 이거는 상남자 여부를 떠나 근자감의 중요성이라 할 수 있습니다. 그리고 그런 근자감에도 뿌리가 있다면, 그것은 반드시 체력일 겁니다.

책《디 앤서》를 보면 자세히 나옵니다. 월스트리트 애들이 얼마나 큰 체격과 체력으로 상대방을 압도하는지요. 대개 운동선수 출신들이 많습니다. 대학 때 풋볼 선수, 야구 선수 등으로 활동하다가 금융권으로 갑니다. 머리는 어차피 비슷하게 똑똑한데, 몇 주일씩 밤샘 작업을 하고도 끄떡없이 다음 날 상대방과 언성 높여 아귀다툼하면서 딜을 따낼 수 있어야 하니까요. 그래서 워라밸은 없지만 연봉은 그만큼 많이 줍니다. 그런 업계가 아니더라도 리더의 자리에는 그런 사람들이 올라갑니다. 그래서 저도 학생들에게 뱅커로 성공하려거든 운동부터 열심히 하라고 합니다. 남자는 군대부터 가서 체력 단련하라고 하고요.

중고등학교 때부터 워낙 자신감을 죽여놓고 공부만 시키다 보니 그런 전환이 잘 안 되지만, 그럼에도 불구하고 거기에 적응하고 외국계 회사로 치고 나가는 학생들이 꽤 있습니다. BNP파리바은행 채권팀에 입사한 한 여학생은 역도가 취미입니다. 체력전에서 당당하게 싸워 이기고자 한다면 꽤 괜찮은 취미 아닐까요? 당당하고 자신 있게 일하려는 사람에게는 남녀 불문하고 똑같이 대하는 곳이 외국계 회사들이죠.

국내 회사에 입사하는 여학생들은 대개 순한 성격에 목소리도 하늘하늘합니다. 어쩌면 그런 부드러운 이미지여야 남자들 세상에서 눈 밖에 나지 않고 살아남을 수 있어서 그럴지도 모르겠습니다. 어느 대기업 인적성 시험에 다음과 같은 문항이 있다고 합니다.

당신의 결혼식에서 주례가 남편에게 "검은 머리 파뿌리 되도록 신부를 사랑하겠습니까?"라고 물었는데, 남편이 답이 없이 1분째 끌고 있다. 당신은 어떻게 할 것인가?

1. 남편을 쿡 찌르고 답하라고 끝까지 다그친다.

2. "주례 선생님, 넘어가시죠." 하면서 넘어간다.

3. 그 자리에 주저앉아 울고불고 난리친다.

4. 그냥 돌아서서 결혼식장을 뛰쳐나온다.

정답은 2랍니다. 출제 의도는 이 사람이 기업이라는 환경에서 일하면서 공적인 일에서 당혹스럽더라도 꾹 참고 넘어갈 줄 아는 사람인가를 보기 위해서 만든 문제랍니다. 그런데 그 이전에 근본적으로 여기에 정답이 있어야 하나요? 아니, 여기에 정답이 있어야 한다고 믿는 정도의 회사라면 거기 다닐 필요가 있을까요? 출제자의 수준이 의심스럽지 않나요? "이게 누구 결혼식인데?" 내 인생은 내 것이고, 그런 만큼 무슨 행동을 하든 하객들한테 오물을 투척하는 것도 아니고, 파혼감이면 파혼하는 거죠. 공연히 억지로 결혼했다가 나중에 이혼하는 게 더 큰 문제 아닌가요?

이런 식의 말도 안 되는 인적성검사 문제를 풀라고 강요하는 것이 현재 우리나라 기업들의 모습입니다. 신언서판을 제대로 파악하고 선발해야 하건만, 진정성 있는 노력은 간데없고 오로지 현재의 집단주의적 규범에 순응할 사람들만 인적성 시험을 통해 뽑으려 합니다. 그런 사람들만 뽑아 놓고 "우리나라엔 왜 스티브 잡스가 없냐?"고 다그치면 뭐합니까? 그런 꽉 막힌 인사관리 체계로 사람들을 관리하니, 스티브 잡스가 들어와도 몇 년 안돼 도망치겠죠.

CEO 얼굴 표정과 주가

눈치가 빠른 사람은 타인의 표정을 쉽게 읽어냅니다. 그리고 뇌 속 거울 신경이 본능적으로 그 표정을 따라 하고 공감하죠. "웃는 얼굴에 침 뱉으랴?" 하는 속담도 그래서 있는 것입니다. 공감을 잘하는 사람은 어딜 가나 환영받습니다. 반대로 소시오패스는 남의 표정을 봐도 공감할 줄 모릅니다. 그래서 상대방이 아무리 고통스러운 표정을 지으며 아파해도 태연하게 웃을 수가 있죠.

우리는 얼굴을 통해 많은 정보를 내보냅니다. 사람 몸에는 뼈와 근육이 있는데, 대부분 근육은 서로 다른 뼈에 붙어서 관절이 잘 움직이게 해줍니다. 팔에 이두박근과 삼두박근이 그렇죠? 그런데 아주 특이한 근육들이 있으니, 바로 얼굴에 있는 근육들입니다. 얼굴의 근육들은 다른 뼈들을 연결해주거나 관절을 움직이게 해주는 게 아니라 그냥 표정을 다양하게 변화시켜 줌으로써 감정을 표현해줍니다. 그래서 표정을 통한 비언어적 커뮤니케이션은 사실 언어적 커뮤니케이션만큼 상당히 중요한 정보의 통로입니다.

케이스웨스턴 대학의 노준기 교수와 에모리 대학의 제가디쉬 교수, 그리고 홍콩폴리텍 대학의 징란 짜오 교수팀은 CNBC와 블룸버그 TV에 방송된 CEO들의 인터뷰 동영상을 AI로 분석해서 프레임마다 나오는 표정값들이 주가와 어떻게 연관되는지 살펴봤습니다. 그 결과 CEO의 표정이 부정적이면 방송 당일과 그다음 날 주가가 떨어지고, 그다음 분기 실적도 안 좋더랍니다. 물론 기존의 주가와 분기 실적을 예측하는 경제적인 펀더멘털 요소들과 CEO들이 말하는 언어의 텍스트 분석 데이터를 모두 통제한 다음에도 표정이 유의하게 많은 설명을 하더라는 것입니다.

이런 얼굴인식 기술은 제가 중국 베이징의 중관춘에 저희 학생들과 방문했을 때에 제대로 겪어봤습니다. 중관춘은 미국의 실리콘밸리처럼 베이징대나 칭화대의 수재들이 모여서 하이테크 스타트업을 많이 창업하는 곳이죠. 그곳에 있는 전시관에 가보면 실시간 비디오에 방문객의 얼굴이 나오면서 얼굴인식이 된 사각형에 그의 겉보기 나이가 찍힙니다. 동영상 1초에 30장의 사진이 찍히며 돌아가는데, 각각의 사진마다 얼굴에서 느껴지는 감정과 겉보기 나이가 계속 새로 찍힙니다. 그리고 횡단보도 앞에도 카메라가 무단횡단하는 사람을 찍으면 그 사람의 ID번호가 화면에 나오죠. '빅브라더는 오늘도 너를 지켜보고 있다!' 하는 인상을 팍 심어줍니다.

CEO 노릇도 하기 힘든 세상이 됐습니다. CEO들의 일거수일투족, 한마디 한마디, 음성 피치, 얼굴표정까지 모두 AI로 분석하는 시대니까요. 희한하게도 그런 비언어적 커뮤니케이션으로도 많은 정보를 추가적으로 캐낼 수 있습니다. 윗동네 CEO 연구가 진행되자 자연스레 아랫동네 신입사원 입사 AI 면접에도 이런 기술들이 쓰일 수밖에 없습니다. 지금 이 순간에도 AI가 여러분의 신언서판을 계량화하고 있다는 것, 잊지 마세요!

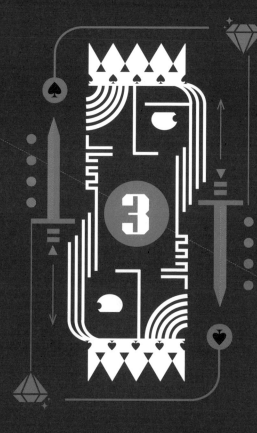

한국판 '왕좌의 게임', 네이버 vs 카카오

네이버 vs 카카오 혹은 이해진 vs 김범수

▷ "블랙핑크 vs 트와이스"

여러분은 어느 쪽이신가요? 사람들은 가장 핫한 대상을 라이벌 구도로 만들어 비교하길 좋아합니다. 설사 당사자들은 그렇게 느끼지 않을지 몰라도 왠지 권투나 UFC 대회같이 누가 이길까에 대한 관심과 호승심을 자극하고 팽팽한 긴장감을 즐기는 것 같습니다. 1980년대에는 마이클 잭슨 vs 프린스, 요즘 글로벌 전자 업계는 애플 vs 삼성이겠죠.

우리나라 빅테크 업계에도 '이해진의 네이버 vs 김범수의 카카오' 같은 비교와 대조가 재미있습니다. 특히 회사의 경우 창업주의 성격이나 성장 배경 같은 특질이 회사의 문화나 경영 의사결정에 지대한 영향을 미친다는 것은 너무나 자명합니다. 경영학에서는 미시건 대학의 햄브릭Hambrick 교수와 메이슨Mason 교수가 1984년부터 주창한 상위계층이론 Upper Echelon Theory이 이런 내용을 담고 있습니다. 저는 이를 '윗동네 이론'이라 부르고요.

보수적인 재무경제학에서는 2003년에 와서야 버트란드Bertrand 교수와 쇼아르Schoar 교수의 〈QJEQuarterly Jounal of Economics〉 논문부터 시작해서 경영자가 기존 경제학에서 말하는 생산함수의 대체 가능한 투입요소가 아니더라는 것을 밝혔죠. 그리고 그것을 지난 20여 년간 빅데이터로 밝혀가는 중입니다. 그래서 이 두 회사의 창업주인 이해진 GIOGlobal Investment Officer와 김범수 의장에 대한 비교와 대조를 통해 이 회사들의 경영패턴을 살펴보겠습니다.

네이버 이해진 GIO는 1967년생으로, 영화 〈말죽거리 잔혹사〉와 〈두사부일체〉로 유명한 강남의 상문고 출신입니다. 서울대 컴퓨터공학과를 졸업하고 카이스트 전산학 석사학위를 받은 후, 1992년 삼성 SDS에 입사합니다. 그리고 사내 벤처인 네이버의 소사장으로 시작해 1999년 네이버를 창업하고 한때 NHN의 공동대표도 역임했습니다. 부친이 이시용 삼성생명 전 대표이사인 것으로 알려져 있습니다. 삼성그룹에서 삼성전자가 제조업 선두주자라면, 삼성생명은 금융 쪽의 핵심이죠.

반면 카카오의 김범수 의장은 그야말로 자수성가형 경영자입니다. 1966년생으로 강북의 건대부속고등학교를 졸업하고 재수해 서울대 산업공학과에 86학번으로 들어갑니다. 서울대 대학원 석사까지 졸업 후 1992년 삼성 SDS에 이해진 GIO와 입사동기로 들어갔습니다. 그 안에서 PC 통신 유니텔 서비스를 개발하고 1998년 그 유명한 '한게임'을 창업하여 대박이 납니다. 한게임은 2000년 이해진 의장의 네이버와 합병하여 NHN을 출범시키고 2007년까지 공동대표를 역임합니다. 그 후 가족들을 데리고 미국으로 갔다가 3년간 휴식을 가진 후 다시 2010년 아이폰의 국내 도입과 함께 카카오톡을 출시하면서 국민 메신저 앱으로 등극시킵니다.

두 대표의 라이프 스타일도 대조적입니다. 이해진 GIO는 아버지로부터 물려받은 삼성의 DNA 때문인지 은둔형에 아주 조심스러운 이미지죠. 매스미디어는 물론이고 고등학교 동문회조차 나오기를 극히 꺼려한다고 들었습니다. 이건희 전 회장을 비롯해서 삼성은 1990년대에 늘 사업을 구상하기 위해서 주로 일본에서 지냈던 것으로도 유명합니다. 카카오톡이 국민 메신저가 되면서 네이버는 국내에서 주도권을 놓친 메신저 라인LINE을 일본과 동남아에서 띄웠는데, 이것 역시 삼성에서 배운 지리적 전략과 연관이 있는 것은 아닐까 짐작해봅니다.

이에 반해 김범수 의장은 외향적인 스타일입니다. 게임을 좋아하고 유쾌하게 사람들을 만나고 돌아다니기도 좋아하는 것 같습니다. 오죽하면 SDS에서 일할 때도 '미션 넘버원'이라는 PC방 사업을 시작했고, 사채까지 끌어들여 사업을 강행했다고 합니다. 온라인으로 고스톱판을 벌이는 한게임을 창업했고요. 2007년 이후 3년간의 휴식기간에도 중고생 자녀들로 하여금 공부를 1년간 멈추고 같이 온 가족이 PC방에서 게임에 미쳐 살아본 특이한 경험도 했다고 하지 않습니까? 그리고 2007년 NHN을 박차고 나올 때도 "네이버는 항구에 정박해 있는 배 같다"는 비판을 했다고 합니다. 김범수 의장이 이해진 GIO보다 다이나믹하고 저돌적인 성격인 건 확실해 보입니다.

상남자 관상 김범수 의장 vs 대척점의 이해진 GIO

그런데, 책을 여기까지 읽으신 분들은 짐작하시겠지만, 이러한 성향 차이가 두 경영자의 얼굴에 나타난다는 겁니다. 물론 카카오톡의 캐릭터 라이언이 김범수 의장과 얼굴이 닮았다는 우스갯소리가 아닙니다. 김범수 의장의 영어이름 브라이언Bryan에서 B만 빼고 라이언Ryan으로 이름을 지었다는 설도 있지요. 그런데 이 두 분의 얼굴을 보면 확연하게 대조가 됩니다. 결과는 다음과 같습니다.

이해진 fWHR = 1.68
김범수 fWHR = 2.01

두 대표의 사진 분석

딱 봐도 김범수 의장의 얼굴이 이해진 GIO의 얼굴보다 납작합니다. 즉 누가 봐도 '상남자 관상'이라는 것입니다. 김범수 의장은 동서양인을 통틀어서도 상남자 관상 상위 20% 안에 들어갈 만큼의 수치를 보여줍니다. 반면 이해진 GIO는 반대쪽 극단으로 가 있는 여성적인 관상이라고 보시면 됩니다. 제 웹사이트에 지금까지 쌓인 4,000여 건의 얼굴 사진들 중에서 fWHR 수치가 하위 20%로 여성적인 편에 속합니다.

제 연구에서 미국 CEO들을 대상으로 보여준 바에 따르면, 김범수 의장 같은 분들은 대단히 성취 지향적이라서 사회적으로 지배자적 위치로 가고자 하는 욕구가 큽니다. 그래서 운영하는 회사를 인수합병으로 급속하게 키우거나 위험 감수도 많이 합니다. 차입 경영도 많이 해 큰 규모로 키우는 데 성공하고, 주식 수익률의 변동성도 높습니다. 위험도

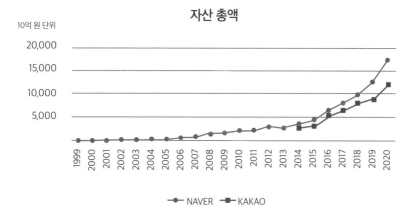

자산 총액

10억 원 단위

NAVER ― KAKAO

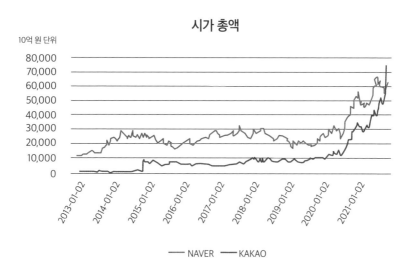

시가 총액

10억 원 단위

NAVER ― KAKAO

가 크다는 뜻이기도 하지요.

상장기업들에 대한 재무금융 데이터베이스 '데이터가이드^{DataGuide}'
를 써서 회계 및 재무 데이터를 그래프로 그려 보면 2014년 중반에 다음커뮤니케이션과 카카오가 합병하기 이전에 카카오는 그야말로 네이버의 1/10밖에 안 되는 회사였습니다. 다음과의 합병을 통해 급속히 몸집을 불리고, 2019년 이래로 바로투자증권을 비롯한 여러 회사를 추가로 합병합니다. 계열사 IPO도 진행하면서 사세가 확장됩니다. 당연히 시가총액도 기하급수적으로 증가했죠. 급기야는 2021년 6월 말, 카카오 68조 원, 네이버 67조 원으로 시총 순위 3, 4위가 뒤집히는 상황에 이릅니다.

김범수 의장의 성취 지향성이 시가총액과 인수합병 성향에서 나타나고, 그것이 얼굴에도 나타난다는 것을 알 수 있습니다. 옛날 NHN 공동대표로 머물지 않았던 것도 비슷한 맥락입니다. FWHR 수치만 보면 이분은 어디서든 형님이어야지 남의 밑에 있거나 공동대표로는 만족할 수가 없는 스타일입니다. 그리고 여성형 관상의 이해진 대표와 잠시는 궁합이 잘 맞았을 수 있지만, 결국 본인 스타일과 맞지 않아 갑갑함을 느꼈을 겁니다.

네이버와 카카오, 비즈니스 스타일 비교

▷

유기적 성장의 네이버 vs 인수합병 성장의 카카오

기업이 성장을 추구하는 데는 크게 두 가지 다른 접근법이 있습니다. 내부적으로 유기적 성장organic growth을 추구할 수도 있고, 기존의 기업을 인수합병해 성장할 수도 있습니다. 이해진 GIO가 이끄는 네이버는 CIC Company-in-Company 제도를 보다 적극적으로 써서 유기적 성장을 추구하는 것 같습니다. 네이버웹툰처럼 내부적으로 어떤 부서든지 대박의 조짐이 보이면 사내 독립기업을 거쳐 결국 분사하는 거죠.

카카오도 CIC 제도를 두고 다음웹툰, 카카오엔터프라이즈 등이 분사도 했지만, 네이버에 비하면 확실히 적극적인 인수합병 성장을 지향하는 것으로 보입니다. 일단 2014년 다음커뮤니케이션과의 합병부터 남달랐죠. 한메일과 검색 엔진으로 유명했던 다음의 시가총액이 1조 원정도였고, 비상장회사인 카카오의 가치를 대략 2조 4,000억 원으로 평가받았습니다. 형식상으로는 직원 수 2,200명의 다음이 600명의 카카오를 인수하는 모양이었지만, 실질적으로는 카카오가 합병법인을 장악했죠. 그 후로 3조 4,000억 원의 시총은 6년 만에 2021년 6월 70조 원에 육박하면서 66조 원의 네이버를 제치고 우리나라 상장기업 시총 순위 3위에 올랐습니다.

공정거래위원회에 의하면 네이버 계열사가 45개(상장기업 1개)인데 반해 카카오는 118개(상장기업 3개)라고 합니다(2021년 6월 말 기준). SK그룹이 계열사 144개로 1위이고, 네이버가 2위입니다. 아마도 게임 콘텐츠 산업에 집중하다 보니 각종 엔터테인먼트 기획사들을 인수해서 벌어진 당연한 결과 같기도 합니다만, 카카오는 핀테크에서 카카오페이증권을 만들기 위해 바로투자증권을 인수한 것과 같이 거의 모든 방면에서 인수합병을 통하여 급속 성장을 추구하고 있습니다.

	계열사 수		상장기업 수	
	네이버	카카오	네이버	카카오
2019년	42	71	1	1
2020년	43	97	1	1
2021년	45	118	1	3

출처: 공정거래위원회 자료(2021.06.30.)

흔히들 유기적 성장은 속도가 느린 대신 조직문화 등에 있어서 통일감 있게 안정적으로 성장한다고 합니다. 반면 인수합병을 통한 외형 성장은 속도가 빠르다는 장점이 있으나, 조직문화 충돌로 회사나 그룹이 위험해질 수도 있습니다. 사람으로 치면 장기이식 수술 이후 거부반응이 나타날까 봐 두려운 거죠.

실제로 카카오프렌즈가 조수용 대표의 개인회사 JOH를 합병하여 발생한 회사 간 문화충돌이 기사화된 적도 있습니다. 스타트업의 특성상 창업자 개인의 네트워크에 의존한 동아리 선후배 뽑기 식으로 이루어진 인사구조가 허술할 수밖에 없죠. 멀쩡한 장수기업도 인수합병을 하다 보면 어느 쪽 라인이 살아남고 어느 쪽이 정리되는가에 대해 대단히 불안해하기 마련입니다. 게다가 헐렁한 내부통제나 인사관리 시스템 속에서 빚어진 여러 의사결정이 훗날 엄격한 잣대를 대고 보면 비리로 해석될 수도 있고요. 정도의 차이가 있어서 회색지대 어딘가에 해당할지 모르겠지만, 그런 것들이 직원들의 불만으로 누적되고 내부정치의 갈등과 함께 폭발하면 사태가 걷잡을 수 없이 커질 위험도 있습니다.

최근 들어 미국과 한국을 비롯해서 국제적으로 빅테크 회사들의 독과점에 대해서 제지하는 움직임이 커지고 있고, 국내에서는 특히 카카오 등 플랫폼 기업들에 대해서 골목상권을 침해하면서 수수료만 많이 받아 챙기는 것이 아니냐며 여론이 그리 좋지는 않습니다. 그런 비난에는 김범수 의장의 얼굴에서도 나타나듯이 카카오의 경영 스타일 자체가 급속 성장, 그리고 M&A를 통한 사세 확장을 추구해 왔기 때문입니다. 반면, M&A를 자주 하는 것이 반드시 나쁜 것이냐에 대해서는 맹

목적으로 여론에 편승해서 카카오를 비난만 할 수도 없습니다. 임정욱 TBT 공동대표가 말했듯, 큰 회사가 M&A를 해주는 덕에 벤처 창업자들이 과감하게 사업에 뛰어들 수 있기 때문입니다. 균형된 시각으로 벤처 업계가 상생이 잘 되는 해결점을 찾고, 김범수 의장도 한 걸음 더 천천히 그러나 확실하게 회사를 키우면 좋겠습니다.

CIC를 통한 유기적 성장의 네이버파이낸셜

네이버파이낸셜은 미래에셋캐피탈과 같은 기존 금융업체들과의 전략적 제휴를 통해서 핀테크에 접근하고 있습니다. 인터넷 검색업으로 대박이 난 네이버는 '실시간 검색어' 같은 것이 정치적으로 문제가 된 경험을 했습니다. 그러한 불필요한 리스크를 굳이 안고 갈 필요가 없다는 걸 깨달은 모양인지, 온라인 쇼핑 등 비교적 정치색이 옅은 분야를 파고들었죠. 온라인 쇼핑업체들의 생태계를 만들어주어 네이버파이낸셜을 성장시키는 전략으로 간다고 합니다. 또한 기존 은행 서비스의 사각지대에 있던 젊은 중소 상공인들, '씬 파일러thin filer'라 부르는 이들에게 금융 서비스를 제공한다는 겁니다.

기존 은행들은 대부분 주택담보대출을 해주었습니다. 담보가 없으면 돈을 빌려줄 수 없다는 건데요. 담보가치로 추정하기 가장 쉽고 대표적인 것이 집과 땅입니다. 그래서 부동산이 없는 소상공인들은 대출을 받을 수가 없었습니다. 또 벤처 시대에 그 많은 젊은 창업자들 역시 사업자금을 빌릴 수가 없는 겁니다.

네이버는 여기에 비정형적 데이터 분석을 신용도 평가의 보조수단으로 들고 들어옵니다. 대안신용평가시스템을 개발한다는 건데요. 예를 들면 그 소상공인의 사업체가 제대로 된 사업을 하는지 빅데이터로 파악하는 것입니다. 온라인 스토어니까 '디지털 흔적digital footprint'을 가지고 이러한 작업들이 가능합니다. 반품률이나 단골의 수와 분포, 고객 포트폴리오 관리, 고객 문의에 대한 응대 속도 등을 입체적으로 본다는 겁니다.

M&A로 급성장하는 카카오페이

카카오의 김범수 의장은 2010년 한 언론 인터뷰에서 "자본주의에서 금융이 일으키는 가치라는 게 별 거 없는데 가져가는 건 너무 많잖아요"라고 말했습니다. 이것이 바로 금융업에 대한 테크핀들의 근본적인 인식입니다. 하여간, 5년 후 그는 카카오뱅크로 국내 최초로 인터넷 전문은행 인가를 받고, 10년 후 그는 바로투자증권을 인수하여 카카오페이증권을 만듭니다. 또한 카카오페이를 통해 디지털 손해보험사 예비허가를 받기도 했습니다. 이로써 카카오는 4년만에 우리나라에서 3,600만 명의 가입자를 가진 간편결제, 예금자 1,400만 명이 넘는 은행, 그리고 400만 계좌의 증권사, 그리고 보험사까지 가지게 됐습니다.

며칠 전 지인들과 오랜만에 와인을 잔뜩 마시고 취했습니다. 기분이 좋아서 무리하게 술값을 제가 계산했습니다. 다음 날 아침, 술이 깨고 보니 현실 자각과 함께 아내가 무서워지기 시작했습니다. 마침 전날 같이 술을 마셨던 한 명이 카톡으로 '어제 무리하셨습니다. 그냥 분담하죠' 하며 카카오페이로 송금을 했는데 좀 많이 보냈습니다. 그래서 단톡방에 일단 약간씩 분담해달라고 부탁을 했고, 감사하게도 금방들 송금해줬습니다. 그리고 좀 전에 약간 넘치게 보내준 그 친구에게 제가 차액을 또 송금해줬는데 정말 금방이더군요.

카카오페이와 카카오뱅크 덕분에 굳이 ATM까지 오갈 필요도 없이, 그리고 다른 은행 앱에 접속할 필요 없이 순식간에 카톡으로 다 해결된다는 거죠. 그래서 저는 아내에게 혼나지 않고 지낼 수 있었지만, 더 중요한 것은 국민 메신저앱 카카오톡을 기반으로 한 카카오페이와 카카오뱅크의 시너지가 이렇게 크다는 겁니다. 그리고 한두 번씩 사람들이 이렇게 가정의 평화가 유지되는 경험하게 됨으로써 계속 카카오페이를 활용하게 된다는 것입니다.

써본 분들은 아시겠지만, 카카오 핀테크의 경쟁력 중 중요한 부분은 디자인입니다. 귀엽고, 단순하고, 편리하고, 직관적이고, 수수료도 싸다는 것이 이들의 강점인데요. 카카오프렌즈의 캐릭터들을 활용해서 기존의 딱딱하고 보수적인 은행 이미지를 최대한 벗어났습니다. 파이낸스가 이래도 되는 건가 싶을 정도죠. 캐릭터가 그려진 체크카드도 기존의 가로가 아닌 세로로 바꾸는 등의 모습은 전에 없던 참신한 시도죠. 그리고 직관적인 서비스 UI^{User Interface}가 핵심인데, 그것을 아주 잘 구현해내고 있습니다.

일부 뉴스 기사에 직원들이 "조수용 공동대표가 다른 모든 서비스에도 사사건건 관여해왔다"며 불만을 토로한다는데요. 이는 긍정적으로 보자면 디자이너 출신인 그가 여러 가지 다른 서비스들을 경험하는 소비자 입장에서 통일감 있게 보이도록 노력한다는 증거일 수도 있습니다.

카카오 핀테크는 "아! 맞다 기존 은행들은 왜 진작 이런 생각을 못했을까?" 싶은 것을 많이 구현했습니다. 일상생활에서 가려웠던 점들을 긁어주는 서비스를 제공하고 거기다 재미까지 더한 것입니다. 카카오페이는 1/N 정산하기, 사다리 타기 같은 재미있는 서비스뿐 아니라 알림 메시지로 정산 독촉도 해줍니다. 카카오뱅크도 동아리 활동에 편리한 모임 통장, 10만 원 이하의 잔돈을 모으는 저금통 서비스도 있죠. 일상생활에서 돈과 관련된 많은 일을 최대한 온라인으로 가져가서 구현한 사례입니다.

카카오페이증권은 카카오페이 결제 후 남은 잔액으로 펀드 투자를 할 수 있는 '동전 모으기' 기능도 새로 선보였습니다. 기존의 은행들은 왜 이런 자잘한 것들에 손을 놓고 있었을까요? 서비스를 해봤자 고정비가 많이 들어갈 거고, 그러느니 안 하고 말지 하는 뱅커들의 귀차니즘 때문이었을 겁니다. 반면 카카오는 새롭게 치고 들어가야 하는 신규사업자 입장이다 보니 고객들이 좋아할 만한 서비스를 하나라도 더 만들어 제공해야 했을 것입니다. 그래야 고객들 빼앗아올 수 있으니까요. 게다가 핀테크 서비스는 모두 컴퓨터 시스템으로 제공할 수 있어 비용이 그리 많이 들지 않습니다.

연구개발에 있어서 상남자 대표의 영향

연구개발 투자에 있어서도 상남자 관상과 여성형 관상 CEO들은 대조적입니다. 상남자 관상의 경영자들은 지배자적 위치로 가고자 하는 욕구가 강해서 단기적인 실적을 늘리고자 하는 것이 강합니다. 대단히 영업, 마케팅 지향적입니다. 그리고 주식시장 투자자들에게 가장 빠르게 인정받을 수 있는 길은 당기순이익을 늘리는 것입니다. 그러려면 비용을 최소화해야죠. 반면 연구개발비는 장기적 안목으로 투자하는 것이지만, 연구비 명목으로 다른 데 써버리는 분식회계의 가능성이 커서 이를 투자액으로 자산화하기보다는 당기에 바로바로 비용처리를 하도록 권장하고 있으며, 미국에서는 100% 비용처리를 해야 합니다.

그러니 비용을 최소화하기 위해서는 연구개발을 희생시킬 수밖에요. 그래서 미국 CEO들 수천 명을 가지고 연구한 결과에도 보면 상남자 관상 CEO가 경영하는 회사들은 R&D 비용지출이 유의미하게 적습니다. 그래서 특허 개수도 적고, 특허가 인용되는 횟수도 매우 적습니다. 단기에 몰두하다 보니 장기적인 혁신이 적다는 거죠.

매출액 대비 R&D 지출액인데, 네이버의 경우 때로는 50% 이상을 육박하기도 했고, 요즘은 30~40%를 오가는 것을 알 수 있습니다. 반면 카카오의 경우는 15% 선을 오갑니다. 물론, 카카오도 만만치 않게 연

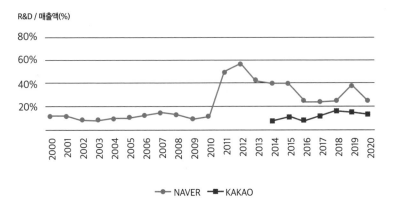

매출액 대비 R&D 지출액

구개발에 투자합니다만, 네이버에 비하면 비율상 절반 수준이고, 절대 액수로 치면 거의 40%밖에 안 됩니다. 그 누적된 차이가 어마어마하다는 것을 알 수 있죠.

작년 말 기준으로 진행 중인 연구개발 프로젝트가 네이버는 133개, 카카오가 21개로 현격한 차이를 보입니다. 국외특허 등록건수도 네이버는 903개인데 반해 카카오는 133개라고 합니다. 특허 분야도 그룹 총수 특질이 드러나는데, 네이버는 클라우드와 검색, AI, 데이터 전송 등 구글과 경쟁해야 하는 만큼 다양한 프로젝트를 진행하는 데 반해, 카카오의 경우는 상남자 관상인 김범수 의장의 취향처럼 영업활동 효과 증대를 위한 R&D, 즉 광고 효율 최적화를 위한 데이터랩 관련 프로젝트들이 집중돼 있다고 합니다.

내가 왕이 될 상인가?

네이버와 카카오의 사례처럼, 상남자 관상이냐 아니냐는 "CEO가 될 상이냐? 아니냐?" 혹은 "왕이 될 상이냐? 아니냐?"의 문제가 아닙니다. 여성형 얼굴인 이해진 GIO도 남성형 얼굴인 김범수 의장도 각기 다 최고경영자가 됐고 대한민국 대표 ICT 투톱 기업이자 시총순위 3, 4위 기업의 총수니까요. 다만 어떤 직종이든 좀 더 큰 위험을 감수하면서 사람들도 많이 만나고 돌아다니면서 외형 성장을 급속도로 추구하는 스타일로 경영할 것인지, 아니면 매사에 꼼꼼하게 처리하고 주도면밀하게 준비하면서 성장하는 스타일로 경영할지에 대한 구분입니다.

양쪽 다 나름의 장단점이 있습니다. 상남자 스타일의 경우 성장성은 좋으나, 무리수를 두거나 실수할 경우 뒷감당이 힘들다는 단점이 있습니다. 반대의 경우라면 조심성은 좋으나 그것이 지나쳐서 기회를 놓치고 정체될 수 있다는 것이 단점입니다. 비단 CEO나 지도자의 영역에서만이 아니라 삶의 각 영역에서 이러한 분들의 행동 특질이 드러난다는 겁니다.

한때 삼성의 이병철 회장이 사람을 뽑을 때 옆에 관상가를 대동한다는 소문이 돌았습니다. 그것이 진짜인지 아닌지는 아무도 알 수 없겠죠. 삼성의 인사부장님한테 물어봐도 "옛날에 그랬다는 소문이 있는데, 나는 잘 모르겠다"는 답이 돌아올 뿐입니다. 그런데 관상가의 의견을 참고했다면, 상남자 관상인 지원자는 위험도가 높으니 안 뽑았을까요? 김범수 의장이나 이해진 GIO 모두 삼성 SDS 1992년 입사동기였다는 것을 보면 그렇지 않음을 알 수 있습니다. 나름대로의 장점과 단점이 다 있기 때문이지요. 정말 관상을 활용했다면, 다만 적재적소에 배치하는 데에 참고하는 정도가 아니었을까 짐작해봅니다.

만약에 말이야, 우리…

역사에 '만약'은 없다지만, '만약에 이성계가 위화도 회군을 하지 않았더라면', '만약에 이순신 장군이 노량해전에서 죽지 않았더라면' 같은 생각은 상상력을 자극합니다. 이해진 GIO와 김범수 의장에 대해서도 '만약에 말이야'를 약간 생각해보았습니다.

만약 이 두 분이 제각기 창업을 하지 않고 삼성 SDS에서 내부승진으로 올라갔다면 어땠을까요? 우선은 김범수 의장은 삼성이라는 모범생 조직이 너무 갑갑해서 금방 뛰쳐나갔을 것입니다. 그럼에도 불구하고 만약에 내부에 계속 남아 있었다면 활달한 사람들이 잘 풀리는 전형처럼 세일즈로 성장해 COO까지는 올라갔을 것입니다.

반면 이해진 GIO는 차분히 연구개발이나 재무관리 쪽으로 커가서 CFO가 됐을 가능성이 큽니다. 삼성생명 CEO였던 부친으로부터 재무 쪽으로는 최고의 내공과 인맥을 전수받았을 것이고요. 그러면서 CEO 밑에서 여전히 이 두 사람이 누가 주도권을 쥐느냐를 가지고 내부정치의 권력암투가 벌어졌을 겁니다. 삼성 SDS 구성원들은 둘 중 누구 라인에 서느냐를 가지고 신경깨나 곤두세웠을 겁니다.

여기서부터는 사담이지만, 그랬다면 둘 중 누가 먼저 CEO가 됐을까요? 김범수 의장이 당연히 CEO 자리를 먼저 추구했을 거고, 나아가 삼성그룹 전체의 주도권마저 거머쥐려 들었을 겁니다. 그걸 이재용 회장이나 가신 그룹이 가만둘 리 없겠지만요. 아마 미리 회장 비서실 혹은 미래전략실에서 김범수 의장부터 내보내려 들었을지도 모릅니다. 그러는 와중에 그때까지 존재감을 드러내지 않던 이해진 GIO가 치밀하게 이학수 전 부회장처럼 삼성의 2인자로 자신의 자리를 굳히며 살았을지도 모르겠습니다.

CEO의 나르시시즘

▶ 이번 장에서는 CEO가 '자뻑'일 경우, 이 심리적 특성이 어떻게 경영에 영향을 미치는가에 대해서 말씀을 드리겠습니다. '자뻑'이라는 단어가 생소하신 분도 있을 것입니다. 예를 들어 여러분이 고양이인데 거울 속의 자신이 사자로 보일 때가 있으신가요? 거울을 보면서 스스로 '뻑' 가는 겁니다. "와, 나는 너무 위대해!" 이런 상태라고 보시면 됩니다.

여러분은 아니어도 주위에 그런 분이 꽤 있을 것입니다. 이 사람들은 타인의 관심을 한 몸에 받아야 속이 시원합니다. 그래서 그들을 '관심종자', '관종'이라고도 합니다. 영어로는 나르시시스트Narcissist인데, 스펠링도 길고 헷갈립니다. 그러니 표준어는 아닙니다만, 여기서는 쉽게

'자뻑'이라고 칭하겠습니다.

참고로 여기서 이야기하는 것 중 상당 부분은 하버드의대 정신과 교수 크레이그 맬킨Craig Malkin 박사가 2015년에 쓴 책《나르시시즘 다시 생각하기》에 나온 얘기들을 참고했습니다.

질문을 하나 하겠습니다. 세상에 '관종' 기질이 전혀 없는 사람이 있을까요? 아무리 관종을 손가락질하고 욕하는 사람도, '관종스러운 요소'가 일절 없는 사람은 거의 없습니다. 자뻑 CEO의 대표적인 예로는 도널드 트럼프 전 대통령을 떠올리면 됩니다. 그런 사람이 CEO가 되면 그 회사의 주가는 어떻게 되고, 재무적으로는 어떤 일이 벌어질까요? 이것은 투자자 입장에서 아주 중요한 관심사일 것입니다. 특히 사모펀드나 벤처캐피탈이 열 개 정도 회사에 집중투자할 경우에 특히 더 그렇습니다. 우리는 왜 그런 사람들을 추앙하고 CEO가 되도록 돕거나, 더 나아가 정치 지도자로 뽑는 걸까요? 리더 중에는, 특히 난세의 리더 중에는 자뻑 캐릭터가 많습니다. 이번 장에서는 왜 그런지를 이야기해보겠습니다.

본격적인 이야기를 하기 전에 확실히 해둘 것이 있습니다. 자뻑과 근자감은 다른 개념이라는 사실입니다. 물론, 자뻑인 사람과 '근자감 쩌는' 사람들 간의 공통점은 있습니다. 재수가 없다는 것이죠. 같이 있기 싫고요. 하지만 이 둘은 다른 개념입니다. '근자감'에 대해서는《넛지》 등의 행동경제학 서적에서 잘 설명하고 있죠.

'혹시 자신감이 과도해지면 자뻑이 되는가?' 이런 궁금증도 생깁니다. 그런데 아닙니다. 오히려 내면 깊은 곳에 자존감이 없는 사람이 오락가락하다가, 남들에게서라도 자신의 존재감을 인정받고 싶어서 안달 난 결과가 '관종'입니다. 같이 있으면 쉴 새 없이 "나 괜찮아 보이냐?"라고 물으며 피드백을 요구하는 친구들이 간혹 있습니다. 내면이 빈약하니, 외적으로라도 인정받고 확인해야 속이 시원한 것입니다.

그래서 자신은 항상 남들이 보기에 최고여야 하고, 가장 똑똑해야 하고, 가장 멋있어야 하고, 남들보다 항상 나아야 한다는 강박관념을 갖게 된 것입니다. 또 그러한 강박이 자신이 최고여야 한다고 스스로를 끊임없이 세뇌합니다.

"모두 나에 관한 것뿐이야!(It's all about me!)"

세상 모두가 나를 쳐다보는 것 같고, 모두 내 얘기만 하는 것 같은 정신상태가 바로 자뻑입니다. 머릿속이 '나'로 꽉 차 있고, 쓸데없이 남을 대단히 많이 의식합니다. 남들이 나를 어떻게 볼까? 업신여길까, 우러러볼까? 이런 걱정이 가득합니다. 걸핏하면 "나는 쉽게 상처받는 스타일이야" 하면서 작은 일에도 남들을 향해 복수의 칼날을 갈죠.

그러고 보면 우리나라나 일본 같은 동양문화권 자체가 뜻밖에도 '자뻑스럽다'는 생각이 듭니다. 남들 의식하는 허례허식 말입니다. 그렇다면 우리는 왜 우리 스스로가 자뻑인지 몰랐을까요? 외향적인 사람이 자뻑이면 당장 티가 납니다. 하지만 내성적인 사람들이 자뻑이면 티가 잘 안 나고, 스스로 깨닫는 데도 시간이 오래 걸립니다. 티가 안 나서 좋다는 말이 아닙니다. 오히려 쉽게 고쳐지지 않으니 문제가 커질 수 있죠. 자뻑을 내려놓으면 마음이 평안해지는데도 말입니다.

난세가 영웅을 부른다? 난세는 자뻑맨을 부른다!

그런데 희한한 게, 자뻑이 심한 사람들이 종종 리더의 자리에 올라갑니다. 특히 난세일수록 자뻑가들이 대통령으로 뽑히거나 지도자로 추앙받곤 합니다. 왜 그럴까요?

먼저, '난세'는 어떤 시기인가요? 전 세계적 금융위기나 장기불황일 수도 있고, 정치적 대혼란일 수도 있습니다. 코로나 19로 전 세계가 락다운lock down된 상황도 난세죠. 2008년 이래 전 세계가 계속 겪고 있는 듯한 난세는, 오랜 세월 양극화가 진행되면서 구조적인 문제가 쌓여서 백성들이 신음하는 것입니다. 한 번에 어떻게 속 시원히 확 뜯어고칠 수 있는 게 아니죠.

'소득주도성장'이라는 미명하에 갑자기 최저임금을 확 올린다고 해서 다 해결되는 게 아니라는 말씀입니다. 최저임금을 올렸더니 오히려 중소기업들이 위축되고 경제가 더 힘들어지는 것을 우리는 지난 몇 년간 목도했습니다. 부동산 정책도 마찬가지죠. 만병통치약 같은 정책으로 집값을 잡으려고 해봐야 가격은 천정부지로 치솟기만 합니다. 저 같은 벼락 거지들만 많아지고, LH 같은 일부 공기업 직원들의 부정축재만 심해졌습니다. "주입식 교육이 문제다"라는 비판에 고등학교 수학에서 미적분을 없애고, 대학입시도 내신 위주로 해보고 수시 비중도 늘려보고 했지만, 결과적으로는 백약이 무효했습니다. 오히려 변화에 눈치 빠르게 적응하고 허점을 파고들어 사리사욕만 채우게 도운 꼴이 아닐까요? 이처럼 사회 문제들은 복잡하게 구조적으로 얽혀 있어 극약처방은 부작용만 낳기 쉽습니다.

그래서, 난세일수록 사람들은 영웅을 갈망합니다. 초인적 존재가 나타나서 이 대책 없이 엉망진창인 상황에서 우릴 빨리 구해주면 좋겠다고 생각하죠. 그 초인의 이미지에 대해서도 다분히 로맨틱한 상상을 합니다. 지난 20여 년간 마블의 슈퍼히어로 영화들이 득세하는 데도 이런 이유가 있을 것입니다. 정치에서는 과거 영광스러웠던 때의 전임 대통령을 반신반인으로 모시고, 그의 자식들을 예수 그리스도의 현신으로 생각하려 드는 모임이 생기는 것도 대표적인 현상이고요. 트럼프같이 미디어가 멋지게 포장해준 사람을 추종하던 것도 마찬가지입니다.

트럼프는 자타가 공인하는 지독한 나르시시스트죠. 대단한 재벌인 것처럼 떠벌리고 각종 미디어에 나왔지만, 사실 이 사람 정도의 부자는 많았습니다. 2000년대 초반에 TV에 〈어프렌티스Apprentice〉라는 리얼리티 쇼가 있었습니다. 트럼프는 거기서 경영을 잘 아는 사람으로 이미지를 굳혔습니다. 사업내용을 제대로 모르는 일반대중에게 대단한 기업가의 대명사처럼 보이게 만든 것입니다. 하지만 그는 대놓고 말아먹은, 즉 부도낸 회사만 타지마할 카지노를 비롯해서 네 개에 달했죠. 윤리적으로 올바르게 경영한 게 아니라, 전략적으로 부도를 내고도 사기꾼 소리 안 듣는 법을 알았기 때문입니다. 그리고 주식시장에 상장된 회사는 하나도 없는 그저 그런 중견그룹 회장에 불과했습니다. 반면 온갖 추문을 생산해서 관심을 끌어 모았죠. 관종 중의 관종입니다.

그런데 자뻑이 심한 사람들은 태생적으로 혹은 유년기 때부터 남들보다 특별한 무언가가 자신에게 있다고 믿는 경향이 심합니다. 그리고 그걸 확인하기 위해 여러 가지 주의를 끄는 행동들을 다방면으로 많이 하죠. 한마디로 쇼맨십이 있고, 남들의 주의를 끄는 방법을 일찍 터득한 사람들입니다. 그래서 난세에 이런 나르시시스트가 전면에 나서면, 사람들은 자연스레 열광하는 거죠. 그리고 이런 사람들은 리더가 되면 앞뒤 안 재고 과격한 정책들을 소위 '노빠꾸'로 밀어붙입니다. 즉, 몰인정한 리더가 되고 소시오패스 기질이 나옵니다. 히틀러처럼 말이죠. 그것을 자세히 모르는 사람들은 "어머, 카리스마 죽인다!" 하고 열광하며 인기가 높아지는 기현상이 벌어집니다. 그래서 결국 관종들이 지도자로 뽑히거나 추앙받게 될 확률이 커진다고 합니다.

문제는 그렇게 뽑힌 관종 지도자가 반드시 이 난국을 타개해줄 진정한 영웅인가 하면 그건 별개의 문제란 것이 바로 함정입니다! 자뻑가 리더는 제대로 된 근본적인 치료법이 아니라 단기적으로 편 가르고 싸움을 일으키기 좋은 대중요법 같은 정책들만 쏟아냅니다. 이 사람들은 나라가 망하건 말건, 자기만 미디어의 관심을 받으면 되거든요. 그러면 사람들은 이상한 정책에 휘둘려 더 혼란에 빠지고 서로 물어뜯고 싸웁니다. 상황은 점점 악화되고 결국 난세가 망국으로 치닫게 됩니다.

미국인들이 2008년 금융위기 이후 오래된 실물경제 불황에 불만이 폭발하면서 2012년 트럼프를 뽑았던 것이 바로 난세가 자뻑가를 소환한 경우입니다. 그리고 이 자뻑가 리더 때문에 코로나 19 팬데믹이 닥쳤을 때 사태가 얼마나 악화됐는지를 우리는 똑똑히 지켜봤습니다.

자뻑가 CEO, 빅데이터로 가려낼 수 있다?

CEO가 심한 자뻑가일 경우에 회사는 어떻게 될까요? 2006년 펜실베이니아 주립대학의 채터지Chatterjee 교수와 햄브릭Hambrick 교수팀은 이 질문에 답하는 논문을 써서 경영학계의 톱 저널 〈ASQAdministrative Science Quarterly〉에 게재했습니다. 물론 여기까지 읽으신 분들은 감을 잡으셨을 겁니다. 심한 자뻑가는 트럼프 같은 행보를 보일 것이므로 뭔가 쓸데없이 관종짓을 계속해서 회사를 일관된 전략 없이 우왕좌왕하게 만들어 망칠 것이고, 그로 인해 쫓겨나겠죠.

심리학적으로 당연한 귀결일 것 같은데, 세계적인 저널에 실린 데에는 이유가 따로 있습니다. 첫째, 햄브릭 교수가 1980년대 이래로 '윗동네 이론'의 창시자인데, 그중 윗동네 사람의 심리적인 편향성 중 누가 봐도 가장 골치 아픈 '관종'에 대해 팠다는 것이 큰 공헌입니다. 둘째, 관종의 정도를 측정하는 데 선구자적으로 빅데이터를 활용했다는 것입니다.

먼저, 관종만의 패턴이 있다는 것입니다. 첫째, 관종들은 '유아독존'이기를 원하므로, 회사의 연간 사업보고서가 나갈 때나 이사회 멤버 사진이 나갈 때 자기가 제일 돋보이기를 원합니다. 그래서 CEO의 사진이 다른 사람들과 비교해 얼마나 크게 나타나는지를 측정하는 겁니다. 거의 북한에서 수령님 사진이 절대적으로 커야 하는 것과 같다고 보시면 됩니다.

둘째, 노암 촘스키의 명언 "언어는 마음의 거울"이라고 들어보았을 것입니다. CEO가 주주들을 대상으로 말할 때도 유아독존이다 보니, 1인칭 대명사를 쓸 때도 우리(We, us, our, ours)보다는 '나' 혹은 '저'(I, my, me, mine)를 더 자주 씁니다. 기업들의 사업보고서나 주주서한을 보면 나온다는 것입니다. 이런 데이터를 바탕으로 자뻑의 정도를 아래와 같이 계산합니다.

$$\text{자백}(\%) = \frac{(\#1인칭\ 단수)}{(\#1인칭\ 단수 + \#1인칭\ 복수)}$$

예를 들어보겠습니다. 다음은 2012년 우리나라 18대 대통령 선거에 출마한 두 후보의 수락 연설문입니다. 그중 맨 뒷부분의 100단어를 떼어온 것입니다. 결론 부분은 자신의 출마의 변 중에서도 핵심을 집약시켜서 청중들에게 지지 호소를 하는 부분입니다. 강력한 마무리가 필요한 부분이라 CEO들의 주주서한처럼 공통적으로 분석하기 딱 좋습니다.

후보1

"…협력을 위한 새로운 틀을 짜겠습니다. 그래서 모두가 자유롭고 행복한 한반도, 자랑스런 문화로 사랑받는 품격있는 한반도, 세계의 빈곤퇴치에 기여하는 존경받는 대한민국을 반드시 만들겠습니다! 존경하는 국민 여러분, 당원동지 여러분! 저의 삶은 대한민국이었습니다. 오늘까지 제가 존재할 수 있었던 이유는 바로 국민 여러분이 계셨기 때문이었습니다. 저는 이제 제 삶에 마지막으로 주어진 무거운 책임을 안고, 국민 여러분과 함께 가고자 합니다. 제가 가는 이 길 앞에 수많은 고난이 놓여 있다는 것을 잘 알고 있습니다. 그러나 저는 두렵지 않습니다. 진실과 정의가 살아 있기 때문입니다. 저는 외롭지 않습니다. 저의 가족인 여러분이 계시기에 혼자가 아니기 때문입니다. 국민 모두가 하나 되는 대한민국, 모두 함께 행복을 누리는 새로운 대한민국을 반드시 만들겠습니다. 감사합니다."

후보2

"… 밖에서 희망을 찾는 국민들이 적지 않습니다. 이 또한 새로운 정치에 대한 열망의 표현입니다. 저와 우리 XXX당이 반성해야 할 대목입니다. 그러나 좋은 기회이기도 합니다. 우리 당이 과감한 쇄신으로 변화를 이뤄낸다면 새로운 정치의 열망을 모두 아우를 수 있습니다. 이제 우리는 정권교체의 대장정을 시작합니다. 승리로 가는 길목에서 꼭 필요한 것은 우리의 단결입니다. 오늘 이 시점부터 우리 XXX당은 하나입니다. 더 널리, 새로운 인재들이 함께하는 열린 선거대책위원회를 구성하겠습니다. 당내 모든 계파와 시민사회까지 아우르는 '용광로 선대위'를 만들겠습니다. 그 힘으로 우리 XXX당이 중심이 된 정권교체의 길로 나아가겠습니다. 우리 XXX당과 함께 변화의 새 시대로 가는 문을 열어주십시오. 정권교체, 정치교체, 시대교체, 반드시 해내겠습니다. 사람이 먼저인 세상을 꼭 만들겠습니다. 감사합니다."

자뻑 스코어를 계산해보면 후보1이 100%, 2가 12.5%입니다. 당시, 오랜 세월 장기불황에 시달리던 우리나라 국민들은 후보1을 뽑았습니다.

셋째, 유아독존이 심하다 보니 연봉도 CEO 바로 다음에 2인자의 연봉보다 월등히 많이 받기를 원하겠죠. 그래서 2인자와의 연봉 차이를 측정합니다. 우리나라와 달리 미국의 경우 1,500대 상장기업에 대해서는 최상위 5위까지의 경영자들의 연봉이 얼마인지, 심지어 옵션 패키지는 올해 몇 개를 받았고, 언제까지 옵션계약이 유지되며, 잠정적인 가치는 제각기 얼마인지 등에 대해서 놀랍도록 자세하게 공개됩니다. 그리고 이 모든 것이 데이터베이스화 돼 있습니다.

여기에 더해서 함Ham, 세이버트Seybert, 왕Wang 교수팀이 2017년 회계학계 탑 저널인 〈RASTReview of Accounting Studies〉에서 제안한 것이 있습니다. 바로 CEO가 사인을 할 때 그 사인의 크기입니다. 자기애는 삶의 여러 장면에서 흔적을 남기기 마련입니다. AI 시대에는 친필서명이 유의미한 디지털 흔적digital footprint이 됩니다. 자기애가 큰 만큼 사인할 때도 누구보다 크게 자기 이름을 쓰거든요.

스타들이 많이 방문하는 음식점에 가보면 다녀간 연예인들의 사인이 벽에 걸려 있습니다. 보시면 느껴질 것입니다. "나는 스타거든!" 희한하게도 미국은 2001년 엔론 분식회계 사태 이후로 '사베인스 옥슬리 액트Sarbanes Oxley Act'라는 지배

구조 개선을 위한 법제적 노력이 있었고, 그 결과 매년 증권감독원 SEC에 감사보고서를 제출할 때에 CEO들이 자기 회사의 감사보고서가 회계적 투명성을 최대한 지켰음을 보증한다는 뜻으로 친필서명을 하도록 했습니다. 같은 크기의 종이에 사인 크기만 달라지니 그 CEO의 자뻑 정도를 잘 나타내겠죠? 그래서 그 서명의 크기를 디지털화 하여 비교한 겁니다. 왼쪽은 사인이 큰 경우, 오른쪽은 사인이 작은 경우이고 그 크기가 곧 자뻑의 정도를 의미하죠.

다음은 사인의 크기에 따른 동업종 대비 자산수익률을 보여줍니다. 전반적으로 사인이 클 때는 수익률이 낮고, 작을 때는 수익률이 높죠.

이렇게 비교해보니 공통점이 나타났습니다. 자뻑스럽다고 판명된 CEO들이 운영하는 회사들일수록 회사 재무성과가 나쁘더라는 것입니다. 이런 회사들은 뭔가 의사결정을 해도 눈에 확 띄는 짓들을 많이 합니다. 예를 들면 인수합병을 하더라도 자기보다 몸집이 큰 회사를 잡아먹는 겁니다. R&D에도 과도한 투자를 하고 비용도 많이 지출하다 보니, 수익성과 현금 흐름도 나쁘다고 합니다.

물론 주의할 것이 있습니다. 어떤 측정법도 완벽할 수 없습니다. 아무리 그럴듯한 방법을 제시해도 한계가 있고 여전히 학문적으로는 끝없는 찬반양론이 있게 마련입니다. 위에 나열한 방법 중 어느 하나의 방법을 썼을 때 관종스럽다고 나오니까 절대적으로 "그래! 이 선수는 관종이군!" 하고 말할 수는 없습니다. 다만, 이런저런 방법을 두루두루 다 써봤는데도 계속 관종이라고 나오면 그 선수는 아무래도 관종이겠죠? 그겁니다. 몇 가지 방법을 써야 하는지 정해진 것은 없습니다. '관종일 확률이 아주 높다' 정도로 말할 수 있습니다.

관종 성향의 소비행태는 과시적일 수밖에 없습니다. 그들의 개인재무관리가 힘들 것이란 점도 쉽게 추론해낼 수 있죠. 부도율도 높을 거고요. 그래서 대출해줄 때 이런 패턴을 보이는 분들에게는 이자율을 높여서 돈을 빌려주는 것이 은행 스스로를 방어하는 방법이 될 겁니다. 실제로 그런지 아닌지는 카카오뱅크 같은 경우 테스트해볼 수 있을 겁니다.

수많은 카카오톡 데이터를 분석해보면 관종 성향의 패턴이 잡히겠죠? 메시지 보내는 방식, 예를 들어 여러 번 카톡 소리가 나게 잘게 쪼개서 보내는지, 아니면 장문으로 한 번만 보내는지, 튀는 이모티콘을 얼마만큼 자주 쓰는지, 1인칭 대명사를 쓸 때 '나'나 '저' 같은 단수를 더 자주 쓰는지, '우리'같은 복수를 더 자주 쓰는지 등을 통해서 파악할 수 있을 겁니다.

그리고 언어적 분석이 아니어도 알 수 있습니다. 소비의 기록들이 있는 네이버의 경우는 사치품이나 고가품을 자주 사는 행동을 그 사람의 디지털 흔적으로 파악할 수 있겠죠. 바로 이런 것들이 융합의 최전선이라고 보시면 됩니다. 기존의 은행들은 이런 데이터가 없으니 당연히 불리하겠죠.

일론 머스크 = 트럼프 + 도지코인

▷ 테슬라를 모르는 분은 이제 없을 것입니다. 하지만 10년 전만 해도 테슬라는 아는 사람만 아는 이름이었습니다. 〈커런트 워The Current War〉라는 영화를 보면, 160여 년 전에 미국에서 전기를 널리 공급하는 데 직류를 쓰느냐 교류를 쓰느냐를 가지고 두 회사가 경쟁하죠. 에디슨의 GE는 직류를, 발명가 니콜라 테슬라Nikola Tesla의 아이디어를 산 웨스팅하우스는 교류를 밀었던 스토리입니다. 에디슨에 가려져 별로 알려지지 않았던 비운의 천재 테슬라의 이름을 오늘날 되살린 사람이 있었으니, '전기 스포츠카'의 신세계를 개척한 테슬라의 CEO 일론 머스크입니다.

2020년 코로나 팬데믹으로 우리나라 개미 투자자들이 태평양을 건너 미국 주식시장까지 손을 뻗었습니다. '동학개미'에서 '서학개미'로 진화한 투자자들이 가장 많이 주워 담은 주식이 바로 테슬라였습니다. 알려진 바로는 서학개미들의 투자금액만 10조 원이라고 합니다. 2020년 3월 팬데믹의 공포가 최고조에 달했을 때 1주당 88달러로 바닥에 꽂혔지만, 개미투자자들은 "금방 주당 1,000달러 갈 거다! 가즈아, 천슬라!" 하면서 쓸어 담았던 것입니다.

잘생긴 CEO가 미디어를 타면

최근 몇 년간 경영계의 핫 이슈는 ESG입니다. 기업의 환경, 사회, 지배구조를 기준으로 지속 가능성을 평가하거나 투자를 결정하려는 경향이 커지고 있습니다. 기존의 경제시스템에 대한 반성과 함께 ESG 열풍이 불면서 투자자들은 환경파괴를 최소화하는 착한 기업들을 찾습니다. ESG 관점에서 투자자들이 점찍은 회사가 바로 테슬라이고요. 그리고 급속히 주가가 올라가면서 시가총액이 미국 상장기업들 최상위 500개 안으로 진입합니다. S&P500 지수에 편입됐고, 이것이 더욱 공격적인 매수를 불러와 주가가 더 뛰었습니다.

게다가 하루가 멀다고 잘생긴 CEO가 미디어에 얼굴을 내밀었으니 개인 투자자들은 더욱 열광하면서 테슬라 주식을 사재꼈습니다. 이런 현상은 핼포드Halford 교수와 수Hsu 교수의 논문 〈CEO의 매력과 회사의 가치〉에서 예상한 바이기도 합니다.

개미투자자들은 일론 머스크가 탁월한 비전과 선구자적 혜안을 가지고 전기 스포츠카 시장을 개척했다며 '영감을 일으키는 미래지향적 지도자'로 추앙했습니다. 그 결과 삼성전자 시가총액이 400조 원인데, 테슬라 시가총액은 600조 원까지 뜁니다. 그리고 그는 세계 2위 부자가 되죠. 그러나 2021년 1월 1주당 880달러를 찍고 지금은 비틀비틀 내려와 600달러 중반을 오갑니다. 그 사이에 무슨 일이 있었던 것일까요?

개미들은 그를 슈퍼스타 CEO라며 맹목적으로 추종해왔습니다. 실제로 CNBC 등에서 방송했던 테슬라 관련 다큐멘터리를 보면 머스크의 비전에 개인투자자들뿐만 아니라, 테슬라 직원들은 물론이고 고객들도 그의 엄청난 팬처럼 보입니다. 팬층이 엄청 두꺼운 거죠. 테슬라 제품에서 불량이 발견되어도, 그걸 고쳐줄 서비스 센터가 주변에 없어도, 오직 이 제품을 아껴주고 소비해줌으로써 지구 환경보존에 일조한다는 신념으로 테슬라를 손수 고쳐가며 계속 쓰는 사람들이죠. 하지만 CEO가 미디어에 너무 자주 나오고 또 너무 좋게 나오면 뭔가 의심을 해봐야 합니다. 슈퍼스타 CEO처럼 보여도 실은 이 사람이 관종은 아닌가를 말이죠.

앞에서 말씀드린 것처럼, 수년 전부터 테슬라 제품에 너무나 많은 문제들이 발견되었습니다. 그런데 이를 고치려는 노력이 부족했죠. 그러자 소비자들 사이에 회의론이 등장했고, 이는 자연히 헤지펀드들의 공매도를 불러옵니다. 주가에 버블이 있다는 판단이지요. 그러자 머스크는 '공매도 세력들은 늘 개미들을 등쳐먹어 왔다'는 것을 부각하며 공매도와 싸우는 전사를 자처합니다. 2020년 7월 6일에는 공매도 세력들에도 불구하고 주가가 계속 오르자 공매도자들을 조롱하는 의미에서 테슬라의 상징색인 빨간색의 숏 팬츠를 한정판으로 판매하여 웃음을 자아냈습니다.

그러던 중 2021년 1월 말 그 유명한 게임스탑의 숏 스퀴즈 사태가 벌어지자 이 기회를 놓치지 않고 머스크가 "게임스통크GameStonk!"라고 SNS 피드를 날리며 "공매도자들을 혼내주자! 개미들이여 단결하여 주가를 더 올리자!" 하는 암시를 보냅니다. 이에 게임스탑 주식은 천정부지로 치솟았고, 헤지펀드 멜빈 캐피탈 등은 무너지죠. 그러면서 "역시 머스크 형님이야!" 하는 찬사를 또 받습니다.

트럼프의 MZ세대 버전, 도지 아빠

자신의 미디어 파워가 어느 정도인지를 확인한 머스크는 여기서 그치지 않고 관심을 비트코인으로 옮깁니다. 2021년 3월 24일에 갑자기 "비트코인으로 테슬라 결제를 해볼까 한다"는 피드를 올리면서 사람들을 충동질합니다. 때문에 코린이들을 비롯해 지구상에 많은 사람들이 들썩이며 드디어 법정화폐를 갈아엎고 비트코인이 새로운 시대의 화폐로 인정받는 것 아니냐고 들떴었습니다. 2020년 중반만 해도 1,000만 원을 조금 넘던 비트코인 가격이 순식간에 6,500만 원대로 오르는 사태가 벌어졌죠.

알고 보니 테슬라가 현금성 자산의 일부를 미리 비트코인에 투자했고, 이렇게 바람몰이를 한 덕분에 회사는 영업 외 수익을 크게 올립니다. 그것이 없었더라면 당기순손실을 겪을 뻔했던 것을 겨우 만회한 겁니다. 자동차 회사라는 본업에 충실해야 하는 것 아닌가 하는 전문가들의 우려도 있었습니다. 슈퍼스타 CEO라는 사회적 영향력을 악용해서

비트코인 투자자들을 유인하고, 자신의 회사는 미리 사둔 비트코인을 큰 시세차익을 남긴 것은 아닌지 의심이 되기도 합니다.

머스크는 자신이 입을 통제할 수 없는 아스퍼거 증후군 환자라고 말했습니다만, 그게 아니라 그냥 자뻑이 심한 거죠. 아스퍼거 증후군은 몇 가지 중요한 특징이 있습니다. 첫째, 사회적으로 분위기를 파악하지 못한다. 둘째, 손, 손가락, 다리 등을 비틀거나 특이한 행동을 많이 한다. 셋째, 타인이 이해하기 힘든 언어를 사용해 의사소통이 힘들다. 넷째, 특정 사물이나 관심 주제에 집착한다. 다섯째, 타인의 비언어적 커뮤니케이션을 이해하지 못한다. 여섯째, 타인과 공유하는 것에 서툴다. 이와 같은 특징이 머스크에도 있을까요? 머스크는 모든 면에서 정반대입니다. 분위기를 아주 잘 파악합니다. 비트코인과 공매도자들을 때리는 피드를 적시타처럼 정확하게 날렸습니다.

문제는 트위터를 통한 그의 미디어 뻘짓이 너무 지나쳐서 '트럼프의 MZ세대 버전'이 아닌가 하는 생각이 들 정도라는 것입니다. 게다가 이것이 주주들에게 해를 끼치는 상황이 계속 벌어집니다. 피드를 날릴 때마다 사람들이 그토록 열렬히 반응해주니, 그걸 보면 마음 편하게 본업에 집중할 수 있을까요?

도대체 테슬라 이사회는 무엇을 하고 있는 걸까요? 2018년에 이미 그는 테슬라를 주식시장에서 사들여서 이 회사를 프라이빗 회사로 만들고 상장폐지 해야겠다는 망발을 했다가 취소했습니다. 그 바람에 주주들에게 손해를 끼친 혐의로 금융감독당국에게 개인적으로 2,000만 달러의 벌금을 내는 징계처분을 받았습니다. 파이낸스에 관한 고전

《문 앞의 야만인들》을 보신 분들은 알겠지만, LBO^{Leveraged Buy Out}이라
는 것은 주가를 순식간에 몇 배로 끌어올릴 수 있는 폭발력 있는 사안
이라서, 그와 관련된 단어들은 함부로 발설하면 안 되거든요.

2020년 테슬라의 이익도 본업인 자동차에서 번 것이 아니라, 탄소배
출권 장사로 겨우 만든 실적이었습니다. 테슬라 자동차를 비트코인으
로 결제할 경우도 여러 문제가 생깁니다. 코인 값의 변동성에 대한 리
스크를 소비자에게 고스란히 떠넘길 수밖에 없기 때문입니다. 자동차
를 생산하려면 수요량 예측 등이 안정적으로 돼야 하는데, 비트코인 가
격에 반비례하여 춤을 출지도 모르는 수요량을 어떻게 예측하라는 걸
까요? 나름 보험을 들고 여러 장치를 고민하겠지만, 해결되는 문제보
다 생겨나는 문제가 더 많을 겁니다.

사실 머스크의 업무량으로 생각하면, 자동차만 해도 해결해야 할 문
제가 산적해서 거기에만 하루 24시간 매달려도 모자랄 것입니다. 한번
은 자신이 테슬라 공장에서 먹고 잔다는 소문을 스스로 내기도 했죠.
그러면서도 다른 데서는 스페이스X가 자신의 본업이라고 얘기합니다.
그런데 또 그렇다고 화성탐사에 모든 노력을 집중하느냐 하면, 그것도
아닙니다.

일론 머스크는 자신이 이 모든 엄청난 사업들을 잘 감당해낼 수 있는
엄청난 천재인 것처럼 얘기하지만, 결국 '자뻑의 끝판왕'이어서 그런
게 아닐까 하는 의심도 됩니다. 그러고는 이제 와서 "비트코인 채굴에
화석연료를 너무 많이 쓰니 친환경이 아니라서 비트코인 결제를 하지
않을 계획"이라고 말합니다. 그 말을 듣고 충격받은 사람들은 입을 모

아 이렇게 말했습니다.

"그거 인제 알았어?"

비트코인 채굴에 어마어마한 전력이 소모된다는 것은 이미 알려진 사실이었는데, 뒤늦게 저렇게 말한다는 것은 비트코인 투자자들뿐만 아니라, 테슬라 주주들까지 우롱하는 처사죠. 애당초 비트코인의 개수가 2,100만 개로 한정돼 있고 계속 미채굴량이 반씩 줄어들수록 풀어야 되는 문제의 난이도도 높아져서 기하급수적으로 많은 컴퓨팅 파워를 요구합니다. 그러다 보면 마지막으로 갈수록 난이도가 극단적으로 높아지고 컴퓨팅 전력 소모도 엄청나게 된다는 거죠. 이것은 '제논의 역설' 중 '이분법의 역설'과 비슷합니다. 일정한 거리를 매시간 남은 거리의 절반씩 가는 사람은 절대로 목적지에 도달할 수 없다는 것입니다.

도지코인도 마찬가지죠. 2021년 5월에 화성으로 보내자고 코미디 쇼 〈SNL〉에 출연해서 '도지아빠Doge Father'를 자처하더니, 계속 사회자가 "그래서 도지코인이 뭔데?"라고 반복해 묻자 빙빙 돌립니다. 그러다가 사회자가 "결국 사기구만?" 그랬더니 곧바로 "그래, 그거 사기지 뭐!" 하며 사기성 짙은 코인이라는 점을 공개적으로 인정해버립니다.

마지못해 뒷수습하는 트윗에서 도지코인 개발자들과 연계하여 이것으로 테슬라를 살 수 있도록 '도지코인으로 갈아타자'는 식으로 무책임하게 흘려버립니다. 하지만 궁여지책인 게 눈에 보이죠. 그래서 코인들의 가격도, 신뢰도도 폭락했습니다.

게다가 중국이 비트코인 채굴을 금지했죠. 이 모든 것으로 인해서 2021년 2분기에 테슬라는 본업인 자동차가 아니라 비트코인 때문에 손실을 보게 생겼다고 합니다. 뒤늦게 수습하려는지 2021년 6월 14일 머스크는 다시 "비트코인 결제를 허용할까 한다"고 말을 바꿨습니다. 하지만 늦었죠. 양치기 소년의 거짓말을 사람들이 계속 믿을 리가 없으니까요.

사실 머스크의 이러한 행태들은 '코인 시세조작'입니다. 주식이었으면 곧장 '철컹철컹' 감옥행이죠. 하지만 가상화폐는 아직 법적 근거가 없으니 합법이냐 불법이냐를 따질 수조차 없습니다. 무법천지라는 겁니다. 따라서 처벌도 못 하죠. 처벌받지 않는다고 해서 전 세계 일반 대중들을 우롱하는 것이 기업인으로서 올바른 태도일까요? 사실 잘 알려져 있지는 않지만 테슬라에서 그에게 실망하고 떠난 많은 직원의 증언에 의하면, 그가 상당히 소시오패스적인 특징을 보이며 특정 직원을 왕따시키는 일도 서슴지 않았다고 합니다. 이것 역시 나르시시즘이 극에 달하는 사람들이 흔히 보이는 특징이기도 합니다.

앞에서 이야기한 영화 〈커런트 워〉의 한국어 포스터를 보면, 우리가 몰랐던 에디슨의 모습을 비판하는 메시지로 "천재는 1%의 영감과 99%의 쇼맨십으로 만들어진다"라는 카피가 나옵니다. 사실 이 말은 일론 머스크에 딱 맞는 표현 같습니다. 일론 머스크는 2018년 벌금 사건 이후로 회사의 이사회 의장 자리는 내려놓고 CEO로서 본업에 충실하기로 약속했었습니다. 이사회 의장이란 자리가 원래 CEO를 감시, 감독하는 자리인데, 그 두 자리를 한꺼번에 꿰찼던 것 자체가 그 회사의 지배 구조가 대단히 헐렁하다는 의미였죠. 이제 좀 제대로 되려나 했지만, 헛된 기대였던 것 같습니다. 일단 일론 머스크가 테슬라 경영에서 손을 떼고 안정을 취하면서 사는 것이 주주들을 포함한 모두에게 도움이 될 것 같습니다. 영화 〈빅숏〉의 주인공인 마이클 버리가 요즘 테슬라의 주가가 떨어질 거라는 베팅으로 풋옵션을 산 것이 이해가 갑니다.

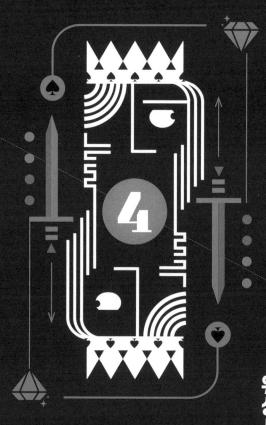

기술 혁신, 색깔의 심리학에서 위성사진 분석까지

색깔의 심리학과 핀테크 UX

▷ 사람들은 색깔에 원초적으로 민 감하게 반응합니다. 그래서 색은 비언어적 커뮤니케이션에서 중요한 부분을 차지합니다. 예를 들어 빠르고 단순한 반응을 유도하는 교통표지판이나 신호등에 많이 쓰이죠. 교통표지판도 '정지', 'STOP'은 세계 어느 나라에 가도 빨간색입니다. 교통신호등 역시 빨간색은 정지, 초록색은 가도 된다는 의미죠. 만약 어느 나라에서 '정지'를 다른 색으로 표시하면 그 나라를 여행하는 외국인들은 상당히 조심해야 할 것입니다. 차의 운전석이 왼쪽에 있느냐 오른쪽에 있느냐, 즉 우측통행과 좌측통행에 대해서는 나라마다 다르지만, 교통신호등과 표지판 속 빨간색의 의미는 만국 공통입니다. 그만큼 커뮤니케이션에서 빨간색은 중요합

니다. 경계심을 확 높이니까요.[12]

그렇다면 왜 사람들은 빨간색을 볼 때 경계심을 가질까요? 몇 가지 이유가 있습니다. 대표적으로 어릴 때 달리기하다가 넘어지면 무릎이 까지고 피가 났죠? 아픔은 곧 빨간색이 됩니다. 불도 빨간색과 연관되기 때문에 불조심 포스터도 온통 빨간색입니다.[13] 이처럼 어려서부터 섬짓하게 만드는 색은 대부분 빨간색이었습니다. 언어생활을 생각해 봐도 그렇습니다. '얼굴 붉힐 일'을 겪은 사람하고는 두 번 다시 마주하고 싶지 않죠? 분노, 공격성 등도 빨간색으로 연상되다 보니, 빨간색은 뭔가 회피해야 하는 위험으로 받아들여집니다.

금융시장에서는 빨간색이 어떤 역할을 할까요? 기업의 성과를 표현할 때도 '적자赤字를 냈다'고 하면 '손해를 봤다'는 것이고, 영어로는 'in the red'라고 합니다. 반대로 이익을 냈으면 '흑자黑字가 났다'고 하죠. 예로부터 장부를 기록하는 사람들이 손실을 조심하라는 의미로 한눈에 보이는 빨간색으로 표시한 것입니다.

주식이나 코인 투자하기 전에 차트를 꼭 보시죠? 지난 몇 달 혹은 몇 년간 가격이 어떻게 변해왔는지? 올라가는 중인가, 내려가는 중인가? 그걸 가지고 더 올라갈지, 내려갈지를 마음속으로 점쳐 보죠? 그 시각적인 자극에 사람들은 민감하게 반응할 수밖에 없는데, 그것을 어떤 색으로 나타내는지가 여러분의 투자행태에 영향을 미칠까요? 직관적인 서비스를 제공해야 하는 핀테크 입장에서는 이것이 사실 초미의 관심사여야 합니다. 왜냐면 간편앱은 결국 사용자 경험, UX이고, 이런 것을 터치하면서 나오는 색깔이 주는 인상에 따라 투자자의 의사결정이 달라질 수 있으니까요. 먼저 빨간색 관련한 재미있는 원초적 본능부터 얘기해보겠습니다.

동물들도 알아서 기는 빨간색

사실 빨간색을 경계하는 것은 사람만이 아닙니다. 원숭이를 비롯한 다른 동물들도 그렇다고 합니다. 빨간 피도 무섭고, 우두머리 자리를 놓고 얼굴이 붉게 상기된 채 싸우는 모습도 긴장되니까 그런 상황은 일단 피하는 것이 상책이죠. 그래서 진화론적으로 보자면 빨간색을 경계해온 개체들이 생존률이 더 높았을 것이라고 합니다.[14]

실제로 원숭이 중에 맨드릴개코원숭이는 자라면서 코와 엉덩이가 빨갛게 변하는데, 빨간색이 더 진할수록 힘이 세고 지위도 높다고 합니다. 그렇다면 코와 엉덩이가 더 빨간 원숭이일수록 지배자 위치에 오르기 위해 다른 원숭이를 더 많이 공격하겠죠? 또한 지배자적 위치 추구는 주로 남성호르몬의 영향과 관련되는데, 투쟁적인 상황이 닥치면 남성호르몬이 폭발하면서 얼굴이 붉어지고 살기등등해집니다. 그걸 보면 다른 개체들은 겁먹고 피하게 되죠.

사라 칸Sara Khan 교수팀이 2011년 〈사이콜로지컬 사이언스Psychological Science〉에 게재한 논문을 보면 수컷 원숭이를 대상으로 한 다음과 같은 실험이 나옵니다. 사람과 같은 시각을 가진 히말라야 원숭이들의 서식지에 두 사람이 동시에 들어갑니다. 한 사람은 빨간 옷을 입었고, 다른 사람은 빨간색 아닌 옷을 입었습니다. 수컷 원숭이를 발견하면 3m 정도까지 가서 원숭이로부터 직각이 되도록 양쪽에 서서 동시에 오른쪽

무릎을 굽혀 앉습니다. 그러고는 하얀 사각형의 스티로폼 쟁반을 놓고 오른손으로 자신들의 배낭에 손을 넣어 사과 한 조각을 꺼내서 가슴에서 정면으로 원숭이를 향해 손을 쭉 뻗어 보여줍니다. 그리고 각기 스티로폼 쟁반 중앙에 놓고 조용히 두 걸음 뒤로 물러서서 원숭이가 이후에 하는 행동을 관찰합니다.

히말라야 원숭이는 어느 쪽 사과를 주로 가져갈까요? 실험자가 남자건 여자건 상관없이 빨간색 옷을 입은 실험자가 올려놓은 사과는 피하고, 다른 색깔 옷을 입은 사람이 놓은 사과를 더 자주 집더랍니다. 우리나라의 '귀신 잡는 해병대'도 비슷한 이유로 이름표를 빨간색으로 만든 것 아닐까요?

붉은 악마 응원단과 월드컵 4강 진출

영국 더럼 대학의 힐 바튼Hill Barton 교수팀은 2005년 〈네이처〉에 재미있는 논문을 한 편 게재했습니다. 연구팀은 2004년 베이징 올림픽 경기종목 중에서 개인이 1:1로 겨루는 격투기 종목들을 살펴봤습니다. 이 종목들은 두 명 중 한 명에게는 빨간색 유니폼을, 다른 한 명에게는 파란색을 랜덤하게 줍니다. 컬러와 승패의 연관성이 있는지를 분석해보니 실제로 빨간색 유니폼을 입은 사람이 더 많이 이기더라는 것입니다. 특히 기량에 있어서 차이가 별로 없는 경우 빨간색의 효과가 더 컸다고 합니다.

이들은 2004년 유로 축구에서도 빨간색 유니폼을 입은 팀들이 더 많은 골을 넣어 이겼다는 것을 보여주었습니다. 그런데 축구 하면 딱 떠

오르는 장면이 있죠? 2002년 한일 월드컵에서 우리 선수들이 빨간색 유니폼을 입었을 뿐 아니라, 전 국민이 붉은 악마 티셔츠를 입고 전국 방방곡곡에서 미친듯한 응원전을 펼쳤습니다. 반면 울트라 재팬은 파란색을 택했죠. 그 결과 일본은 당시 별 볼 일 없는 성적을 거뒀던 반면 우리나라는 4위까지 가는 기염을 토했습니다. 이것도 집단적인 색깔 효과가 조금이라도 있지 않았을까 짐작해봅니다. 그러고 보면 일본이 욱일기를 자꾸 경기에서 쓰려고 드는데, 그걸 방관할 경우 우리를 비롯한 상대방 국가 선수들이 입게 될 심리적 위축감이 걱정됩니다. 전범기라서 화나는 것은 덤이고요.

봉차트 색깔과 모멘텀

▷ 주가의 오르내림을 나타내는 차트는 빨간색과 파란색으로 이루어져 있습니다. 이 차트 색깔에 따라 투자자 반응도 달라질까요? 빨간색이 원초적이고 본능적인 경계심을 자극한다면, 빨간색으로 나타낸 주식을 사고 싶은 마음이 줄어들지 않을까요?

윌리엄 배즐리William Bazley, 헨릭 크롱퀴스트Henrik Cronqvist와 밀리카 모르만Milica Mormann 교수팀은 2021년 〈매니지먼트 사이언스Management Science〉에 게재한 논문에서 빨간색이 금융시장 거래행태에 영향을 미친다는 연구결과를 보여줬습니다. 아마존의 마이크로잡 플랫폼인 엠터크MTurk에서 1,451명을 대상으로 여러 가지 온라인 실험을 해본 결과입니다. 아래 그림을 보면 똑같은 우하향의 주가 그래프인데, 시험군에는 A의 빨간색 차트만 보여주고, 대조군에는 B의 까만색 차트만 보여줍니다.

그리고 나서 "이 주식을 사고 싶으세요?" 하고 물어봅니다. 그러면 A그룹이 B그룹보다 더 경계하고 "아니오, 사기 싫은데요" 하면서 위험 회피가 더 심해졌다고 합니다. 반면 적녹색맹인 사람들에게는 저 빨간 색 그래프를 보여주어도 위험회피 경향이 심해지지 않았습니다. 또한 생활 속에서 빨간색을 '복이 들어오는 좋은 색'이라고 수시로 학습하 며 살아온 중화권 사람들도 경계가 심해지지 않았다고 합니다.

그리고 차트 대신에 기대 수익률 숫자를 마찬가지로 빨간색과 까만 색으로 적어 보여줬는데, 그때도 결과가 같았습니다. 반면 빨간색 대신 파란색이나 다른 색으로 바꿔서 같은 질문을 했을 때는 까만색과 별반 다르지 않게 나왔습니다. 그러니 인간이 얼마나 빨간색을 경계하는지 알 수 있겠죠.

싱가포르 인구의 70%가 화교 출신입니다. 그래서 설날, 추석, 결혼 식 등 뭔가 좋은 일만 있으면 온통 한 가지 색깔로 도시 전체를 치장합 니다. 바로 오성홍기의 그 빨간색입니다. 복을 가져다준다고 믿는 색깔 이니까요. 중국 사람들은 숫자 중에도 8을 엄청나게 사랑하는데 그와 비슷합니다. 눈이 피곤할 정도로 온통 빨간색 천지입니다. 홍콩을 가든 중국 본토를 가든 중화권은 똑같습니다. 여러 민족이 다양하게 어울려 지내는 것이 좋은 것처럼, 다양한 색깔이 어우러지는 것이 더 아름답다 고 누가 좀 알려줬으면 좋겠는데 그게 안 됩니다.

흔히 주식투자 할 때 캔들 차트, 많이 보시죠? 미국의 차트는 올라갈 때 양봉을 초록색으로, 내려갈 때 음봉을 빨간색으로 나타냅니다. 그러다 보면 떨어진 주식은 빨간색으로 표시되는데, 이것이 투자자들에게 이 주식을 더 회피하게 만드는 효과가 있다고 합니다. 회피하면 수요가 줄어들다 보니, 가격은 더 떨어지겠죠? 그래서 과거에 떨어진 주식이 앞으로도 더 떨어지게 되는 '모멘텀 효과'가 바로 이 봉차트의 색깔과 관련 있는 것 아닌가 하는 것이 크롱퀴스트 교수팀의 주장입니다.

모멘텀은 추세 편승과 같은 의미죠? 과거에 잘 나가던 주식이 앞으로도 잘 나간다는 것입니다. 대개 1년 이내의 기간을 두고 벌어지는 현상입니다. 투자자들이 모두 이성적이라면 이런 현상은 안 벌어진다는 게 경제이론인데, 미국을 비롯한 많은 나라에서 모멘텀은 계속해서 나타나고 있습니다.

우리나라에서 먼저 봉차트를 접한 분들은 고개를 갸우뚱하실 겁니다. "아니, 그럴 리가요! 빨간색은 오를 때 표시 아닌가요?" 그건 우리나라와 중국에서만 그렇습니다! 음양사상 때문일까요. 우리나라와 중국은 올라가는 것이 빨강, 내려가는 것이 파랑색입니다. 그러고 나면 우리나라의 경우 과거에 선방한 주식에 대해서 본능적으로 회피하게 되니 수요가 늘지 않겠죠. 그래서 올라가는 추세가 금방 꺾일 우려가 있고, 그러면 상승 모멘텀이 별로 없을 것입니다. 그리고 내려가는 주식에 대해서는 반대로 빨간색이 아니므로 기피하지 않겠죠. 그래서 수요가 줄어들지 않아서 하강 모멘텀 또한 약할 것이라는 예측도 가능합니다.

실제로 앤디 추이Andy Chui 교수와 존 웨이John Wei 교수팀의 2010년 논문을 보면 국제적으로 비교해보았을 때 한국 주식시장에는 모멘텀이 없더라는 이야기가 나옵니다. 중국도 마찬가지고요. 오히려 우리나라 같은 경우는 모멘텀의 반대인 단기 오버리액션이 더 자주 나타난다고 합니다. 이것 역시 색채의 심리학과 연관이 있겠죠. 지난 10여 년간 박스피^{boxPI}(box+KOSPI)로 횡보했던 것도 이와 관계가 있을 것으로 보입니다. 오르면 내리고, 내리면 오른다는 거니까요.

봉차트의 원조가 일본이라고?

제일 처음 봉차트를 만든 사람은 누구일까요? 수백 년 전, 일본 오사카에 도지마 곡물거래소라는 곳이 있었습니다. 거기서 쌀을 거래하던 무네히사 혼마라는 쌀 트레이더가 있었는데, 그는 하루 동안 쌀 가격이 어떻게 오르내리는지 한눈에 보여주는 그래프를 그렸습니다. 1870년대에 일본에 주식시장이 열렸을 때 그것을 도입한 것이 봉차트의 시초입니다. 처음에는 색깔이 없었습니다. 매일 거래소를 개장할 때 시가를 찍고 폐장할 때 종가를 확인해 올라갔으면 텅 빈 네모(양봉)로, 반대로 종가가 시가보다 낮아서 가격이 떨어지면 까맣게 꽉 찬 네모(음봉)로 그렸습니다.

그런데 시가와 종가 사이에 가격이 머무르지 않는 경우도 있잖아요? 중간에 최고가와 최저가가 훨씬 더 위에 있거나 아래에 있을 수 있으니, 그것들은 네모 박스의 위 혹은 아래로 마치 초에서 심지가 나와 있는 것처럼 그려줍니다. 이것이 서양으로 넘어가면서 색깔이 입혀졌고요. 종가가 시가보다 올라가서 끝난 양봉은 초록색, 내려가서 끝난 음봉은 빨간색으로 표시했습니다. 희한하게도 이것이 우리나라나 중국으로 들어올 때는 양봉이 빨강, 음봉은 파란색으로 표시된 거죠.

"돈이 다리미지"

▷ 우리나라 영화 최초로 아카데미상 4개를 거머쥔 영화 〈기생충〉에는 명대사가 많습니다. 특히 기억나는 것이 박 사장 집 가정부로 일하던 충숙의 대사입니다. 아들 기택이 "이 집 사모님은 참 순진해, 착하고. 부자인데 착하다니까?"라고 하자 충숙이 대답합니다. "부자인데 착해가 아니라 부자니까 착한 거지…. 뭔 소린지 알아? 다리미야, 다리미. 돈이 다리미라고. 주름살을 쫙 펴줘."

'부자들은 어떻게 해서 돈을 잘 버나?' 이것은 모두에게 초미의 관심사입니다. 돈을 가장 빨리 버는 것은 바로 돈 그 자체입니다. 투자는 비율게임이라서 규모가 약간만 갖춰지면 그다음부터는 선순환이 일어납니다. 부자에게는 프라이빗 뱅커들이 앞다투어 몰려와 여러 정보를 제공합니다. 그래서 가만히 있는 사람들과 비교해보아도 부익부 빈익빈이 늘 벌어지기 마련이죠. 모든 것이 공정한 조건을 갖춘 시장이라면, 거기에서 정보력의 격차가 가져오는 양극화의 효과는 얼마나 될까요? 그리고 이를 극복할 방법은 무엇일까요?

정보의 '탐색비용search cost'에 관한 연구는 오래전부터 많은 경제학자의 관심사였습니다. 보나파르트Bonaparte 교수와 파보지Fabozzi 교수팀에 의하면, 먼저 탐색하는 정보의 종류를 두 가지로 구분해야 한다고 합니다. 탐색하는 개인에게 있어서 좀 더 '비공식적인informal 탐색'과 '전문가를 통한 탐색'입니다. 비공식적인 것은 신문, 잡지, TV, 광고, 각종 미디어, 그리고 일가친척, 친구, 지인, 배우자를 통한 정보탐색입니다. 반면 전문가를 통한 정보탐색은 변호사, 회계사, 뱅커, 브로커, 투자클럽, 보험 에이전트, 파이낸셜 플래너를 통한 탐색입니다.

보나파르트 교수팀은 1998년도 미국인들을 대상으로 한 소비자금융 서베이Survey of Consumer Finance 데이터를 활용했습니다. 여기에는 금융자산 1만 달러 이상인 사람 4,300명의 소득, 인구 사회적 정보, 자산과 부채 상태, 실업 여부 등이 있습니다. 그뿐 아니라 주식투자 규모와 수익률에 대한 데이터도 있는데, 이를 기반으로 주식투자를 하는 사람 중 가장 부자인 상위 10%와 가장 가난한 하위 10%를 비교했습니다.

대상자들에게 "당신이 투자를 결정할 때 활용하는 정보는 어디서 구하는가?"라고 물었습니다. 대답을 모아보니 아래 표와 같았습니다. 단, 중복 응답은 가능하며, 비공식적 탐색과 공식적 탐색으로 구분했습니다. 그리고 각 탐색에서는 최상위 10% 부자들이 최하위 10% 사람들에 대비해 가장 많이 의존하는 정보원 순서대로 나열했습니다.

큰 그림으로 보면 부자들일수록 전문가를 통한 정보탐색에 더 많이 의존한 것으로 나타났습니다. 반면 가난한 사람일수록 비공식적 탐색에 더 의존한다는 것을 알 수 있죠. 어쩔 수 없는 현실입니다. 전문가를 만나는 것도 비용이니까요. 한편, 비공식적 탐색의 항목 중 최상위 10%가 상대적으로 더 많이 의존하는 정보의 소스가 놀랍게도 배우자입니다! 그다음이 신문, 잡지, 인터넷이고요. 어쩌면 그리 놀라운 것이 아닐 수 있습니다. 최상위 10%보다는 최하위 10%가 이혼율이 높고, 배우자 없이 싱글로 살 확률이 높을 테니까요. 같이 얘기할 배우자가 없어서 벌어진 현상일 수도 있습니다. 하지만 동시에 생각해봐야 할 것은, 멀쩡한 가정이 있다면 배우자 몰래 투자하는 짓은 하지 않는 게 낫겠다는 것입니다. 뜨끔하신가요? 백지장도 맞들면 낫다는데, 어려운 의사결정도 둘이 같이 생각하면 좀 더 객관적이고 안전하게 할 수 있지 않을까요? 장기적인 투자도 가능할 것이고요.

반면 하위 10% 사람들이 상위 10%에 비해 가장 많이 의존하는 비공식 정보원은 친구와 친척입니다. 그다음이 광고, 전화로 정보 수집, 일터에서 접하는 물건들 등입니다. 물론, 일터에서 접하는 물건 중에 정말 쿨한 것들이 있어서 "오! 스타벅스 커피, 마셔 보니 좋네? 투자할래!" 하면서 투자를 하는 것도 나쁘지는 않습니다만, 무작정 친구 따라 강남 가는 식으로 '같이 투자'를 하는 것은 주의하라는 것입니다. "모르는 것에는 투자하지 말라"는 짐 로저스 회장의 조언과 일맥상통하죠? 부자는 남들과 같이 안 가는 경우가 많다는 것입니다.

비공식적 탐색(중복 대답 허용)			(단위: %)
주식투자액 기준	최상위 10%	최하위 10%	상 - 하
배우자	23%	15%	9%
신문 잡지	36%	28%	8%
온라인 인터넷	16%	11%	5%
투자세미나	1%	0%	1%
과거 경험	1%	0%	1%
TV라디오	13%	13%	0%
개인적인 연구	0%	0%	0%
기타	0%	0%	0%
우편	13%	16%	-3%
일터에서 접하는 물건들	3%	7%	-4%
전화걸기	15%	20%	-5%
광고	12%	25%	-13%
친구나 친척의 조언	22%	45%	-24%
비공식적 탐색의 합	154%	178%	

전문가를 통한 탐색(중복 대답 허용)			(단위: %)
주식투자액 기준	최상위 10%	최하위 10%	상 - 하
브로커	45%	15%	29%
회계사	20%	7%	13%
변호사	10%	3%	8%
재무설계사	30%	24%	6%
투자클럽	0%	0%	0%
보험 에이전트	0%	0%	0%
뱅커	19%	23%	-4%
전문가를 통한 탐색의 합	124%	72%	

그다음으로 전문가를 통한 조언의 항목들을 살펴보면, 최상위 부자들은 최하위 10% 비해 증권 브로커와 회계사, 변호사의 조언에 더 귀를 기울입니다. 우선 그런 업계 전문가를 만날 여유가 된다는 거죠.

참고로 제가 싱가포르에 있을 때 싱가포르 최대 은행인 DBS의 프라이빗 뱅킹 센터를 견학한 적이 있습니다. 제가 돈이 많아서가 아니라, 우리나라 모 은행의 직원연수를 인솔하기 위해서였죠. 중국과 동남아의 부자들을 유치하는 것이 이들의 사업이어서 마리나 베이의 가장 호화로운 국제금융센터[IFC]에 위치했습니다. 그곳에서는 최고의 변호사와 회계사들이 최고 부자들에게 집사처럼 금융과 관련된 모든 일을 해줍니다. 상속이나 증여는 물론이고, 기업의 인수합병에 관한 법률 서비스, 이러저러한 시나리오를 프레젠테이션해줄 최고급 회의실까지 완비되어 있더군요. 여러분 중에도 혹시 빅 로펌 변호사나 회계사가 집사 노릇을 해주는 분 있나요? 그러면 당연히 고급 정보가 오갈 수밖에 없고 '돈이 다리미'가 되어 수익률도 쫙쫙 펴주겠죠?

자, 그러면 이런 정보력의 차이가 투자수익률 차이를 얼마만큼을 설명해줄까요? 보나파르트 교수팀이 회귀분석을 해보니, 사람마다 주식투자 성과가 크게 차이나는데, 차이의 18% 정도가 정보력 차이에서 기인한다고 합니다. 물론 연구에서 테스트한 수익률들은 서베이 데이터라서, 즉 대상자가 스스로 말한 것이라서 100% 신뢰할 수는 없겠지만요.

그뿐 아니라 이분의 연구를 보면 부자들의 경우 자금여력이 좋아서 시장 상황이 단기적으로 나쁠 때 억지로 팔 필요가 없고, 더 기다릴 수가 있다는 겁니다. 그래서 선순환이 된다는 거죠. 이것은 동시에 빚투가 왜 위험한지를 말해주는 것이기도 합니다. 레버리지 포지션을 가져가면 폭락장에서 급하게 매도해야 하는 혹은 강제청산을 당해야 하는 상황이 오거든요. 그래서 함부로 돈 빌려 투자하지 말라는 것입니다.

물론, 부자의 투자를 완전히 똑같이 따라 할 수는 없습니다. 우리가 그렇게 돈이 많은 건 아니니까요. 하지만 비록 다른 사람들이 '정신승리'라고 비아냥댈지 몰라도 마음만큼은 부자처럼 여유롭게, 더 기다리는 마음으로 투자에 임해야 한다는 것입니다. 어차피 핀테크 서비스가 최고급 변호사와 회계사들을 동원하는 정보력의 차이를 메꿔줄 수 없는 이상, 투자에서 실수를 최소화하도록 돕고 포트폴리오를 다변화하도록 돕는 것이 차선일 겁니다. 그런 목적을 생각할 때, 핀테크 서비스가 최소한 마음을 다스리도록 이러한 사항들을 시시때때로 알려준다면 좋지 않을까요? '빚투'도 하지 말라고 유도하면서 말이죠.

주가 폭락 당일은 정신이,
그다음 날은 몸이 아프다

▷ 주식시장이 폭락하면 다들 마포
대교를 걱정합니다. 실제로 투신자살 건수가 늘어난다고 하죠. 요즘 너
도나도 비트코인, 알트코인에 도지코인, 하다못해 진도지코인까지 투
자하다가 하루아침에 투자금을 90%씩 날려서 괴로운 분들이 많습니
다. 그런데 이런 상황이 우리나라에만 있는 것이 아니라 만국공통입니
다. 사람 사는 세상은 다 똑같으니까요.

주식시장이 우리의 건강에 미치는 영향이 어느 정도일지, 1983년에
서 2011년까지 캘리포니아 병원 빅데이터로 연구해서 보여준 분들이
계십니다. UC 샌디에이고의 조이 엥겔버그 교수팀과 크리스 알란 파슨
스 교수팀입니다. 병원의 분야별 입원 기록을 분석해보니, 주식시장 상

황과 관련이 있었던 것입니다.

주식이 폭락하면 그다음 날 병원에 입원하는 환자 수가 많아지더라는 것입니다. 이게 무슨 뜻일까요? 폭락이 오면 당일에는 우울증이 심해집니다. 이런 분들은 그날 바로 한강 다리로 갈 수 있습니다. 119구조대나 앰뷸런스 회사라면 관심을 가져야겠죠. 당일에 정신적인 임팩트가 먼저 오고 나면, 그다음 날 위경련이나 과민성대장증후군, 심각하게는 심장마비까지 온다는 것입니다. 얼른 병원에 가야겠죠.

1987년 10월 19일, 블랙 먼데이에 주가가 폭락했습니다. 15분 만에 아무 뉴스도 없이 S&P500 주가지수가 무려 20%나 떨어집니다. 여러분이 미국 주식을 1억 정도 가지고 있었다면 그날 오전에 아무런 이유도 없이 2,000만 원이 사라지고 8,000만 원만 남았다는 뜻입니다! 그날

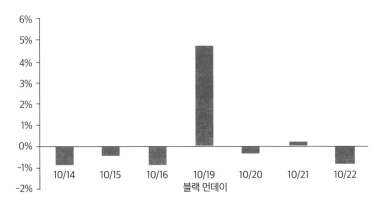

1987년 10월 주가 폭락과 비정상 입원 환자 수 비율

출처:Engelberg, J., Parsons, C. A., 2016. Worrying about the stock market: Evidence from hospit지ス admission, Journal of Finance, Volume71, Issue31227-1250

캘리포니아 병원들의 입원 기록을 살펴보니 입원 환자 수가 엄청나게 증가를 했다고 합니다.

그다음에 주가지수가 약 1.5% 정도 떨어지면 다음 날 2일간 입원률이 0.18%에서 0.28%로 상승하더라는 겁니다. 애당초 입원율 자체가 0.18%로 낮은 상황인데, 거기서 0.1%p 올라가면 거의 절반 이상 올라간 것이죠. 주식시장 폭락이 캘리포니아 내에서 최소한 1,000억 원 정도의 병원 관련 사회적 비용 증가를 가져왔다는 결론입니다.

우리나라도 좀 궁금합니다. 사실 우리나라는 개인 자산에서 부동산이 차지하는 비율이 너무 크기 때문에, 예를 들어 강남 아파트값이 10% 떨어지면 몇 명이 뒷목 잡고 쓰러지는가를 알아보는 것도 유의미할 것입니다. 그리고 헛발질하는 부동산 정책이 발표될 때마다 혈압이 올라 어려움을 겪는 분이 얼마나 될지도 궁금하고요. 어쩌면 무슨 정책을 발표해도 가격이 올라갈 테니, 오히려 집을 가진 분들은 기뻐서 어쩔 줄 모르고 집이 없는 분들만 혈압 올리는 효과가 있을지도 모르겠습니다.

이게 당연한 것 같지만, 경제학적으로 봤을 때는 재미있는 요소가 있습니다. 왜냐? 주가가 내려가는 것은 미래의 소비에 대해 미리 걱정하는 것뿐이죠? 주가나 지수가 내려간 것은, 지금 물건이 안 팔리고 내가 굶어서 내려간 게 아니거든요. 그냥 앞으로 1년쯤 후에 안 팔리겠다 하는 합리적 기대치가 낮아져서 그런 거니까, 몸이 괴로우려면 1년 후가 됐든 언제가 됐든 실제로 내가 소비를 못 할 때 불행하고 우울해야 하는 것 아닌가요? 제 아내가 이런 마음으로 저를 다독입니다. "어차피 집은 애들 다 대학 보낸 후에나 필요한 건데, 지금 당장 벼락 거지 되면 어때! 괜찮아!" 하지만 우리 몸과 마음은 그런 기대 혹은 예상만으로도 지금 당장 반응합니다. 오늘 제 속이 쓰린 이유이기도 하고요.

그렇다면 앞으로 의료 빅데이터를 활용하는 빅테크 기업 입장에서는 병원의 입원 환자 수요 파악에 주가지수를 넣어야 한다는 암시가 됩니다. 우리나라 메디컬 빅데이터 연구하시는 분들은 이런 쪽을 얼마나 연구하시는지 모르겠습니다. AI 시대에는 정말 모든 분야가 연결돼 있다는 것을 느낄 수 있습니다. 남들이 융합, 융합하니 억지로 따라 하는 게 아니라, 정말 남이 상상하지 못한 창의적인 조합의 연구를 해볼 수 있어서 좋습니다.

월스트리트 뱅커들, 심장마비 조심하라

심장마비, 혈압 상승 이야기가 나와서 말인데, 월스트리트 뱅커와 심장병에 대한 최신 연구가 또 있습니다. 와튼 경영대학의 알렉산드라 미첼Alexandra Mitchell 교수의 연구입니다. 여러분 중에 금융계에서 일하는 분들은 조심하셔야 합니다. 스트레스가 장난이 아니죠? 내 돈 수천 만 원 가지고 돈을 땄네, 말았네 하는 것도 속이 타들어 가는데, 이들은 잘못하면 당장 책임 추궁이 들어올 남의 돈을 수천억 원, 어떤 경우에는 수조 원까지도 굴립니다. 아무리 강심장이어도 스트레스를 안 받을 수 있을까요? '일터에서 굴리는 돈은 그저 굴리는 돈, 내 돈은 내 돈' 하면서 쿨할 수 있을까요?

데이터로 알아보니, 실제로 엄청난 스트레스를 받더라는 겁니다. 애널리스트들을 보면 밤샘 작업도 많이 합니다. 트레이더들은 물론 '9 to 5'로 낮에 열심히 일하고 밤에는 맥주 마시면 끝입니다. 하지만 애널리스트들은 죽자고 밤새도록 공부하고 일하고 그러거든요. 이런 스트레스 때문에 뱅커들이 다른 직종 사람들보다 심혈관 계통 증세로 입원을 더 많이 한답니다. 그것도 저 같은 50대도 아니고, 20~30대부터 그렇답니다. 늘 시간에 쫓기고, 막대한 돈에 대한 압박감을 느끼고…. 이런 정신적 고충뿐 아니라, 계속되는 과로과 불규칙한 생활 패턴으로 면역력도 떨어집니다. 신체적인 과부하도 오겠죠.

그러다 보니 20~30대부터 심장병에 걸릴 확률이 높다는 슬픈 현실입니다. 고연봉은 그만큼의 스트레스를 동반합니다. 그리고 펀드매니저들도 사실 겉으로는 아닌 척하겠지만, 스트레스가 장난이 아니라서 술을 마셔도 독주를 엄청 퍼마시고, 때로는 마약에 손을 대는 경우도 있다고 합니다. 이 분야에서 일하는 분이라면 더욱 조심해야 하겠습니다!

미신과 개미 투자자들의 이야기

▷ 흔히 '주가를 맞히는 것은 신의 영역'이라고 얘기합니다. 그게 빈말이 아닙니다. 우리나라 모 대기업 회장님 역시 점쟁이가 투자하라는 데 잘못 투자해서 500억 원 날렸습니다. 그 회장님이 보통 투자자들과는 엄청 다른 사람이라서 그런 실수를 했을까요? 그렇게 생각하면 큰 오산입니다. 물론 경제학 이론과는 반대죠. 완벽한 정보를 가지고, 합리적인 의사결정을 마친 후, 미신 같은 것 안 믿고 객관적으로 투자한 것은 아니니까요.

무당이 성냥개비들을 한 줌 던지더니 A자와 I자 비슷하게 떨어졌다고 칩시다. 그러면 무당이 말하겠죠. "이번에는 AI가 올라가겠어!" 그러면 우루루 몰려가 AI 관련 테마주 투자를 합니다. 그게 문제입니다.

이와 비슷한 방식으로 투자를 많이들 하죠. 소위 '리딩방'이라는 것들도 이런 맥락입니다.

사실 투자라는 게 거창하게 말해서 '불확실성 하의 의사결정'이지만, 톡 까놓고 말하면 어느 정도 짱구를 굴려본 다음 '에라, 모르겠다! 확 질러놓고 나서 기도한다'입니다. 사람들이 특히 투자할 때에 종교에 많이 의존합니다. '운칠기삼運七技三'이라고, 내 맘대로 컨트롤 할 수 없는 운이란 것이 너무나 크게 작용하니까요. 그리고 교회 장로님들 중에도 사업하시는 분들이 많잖아요. 본질적으로 사업은 종교적 본능을 자극할 수밖에 없는 겁니다. 인생의 모든 의사결정이 그렇긴 하지만요.

상商 자에서 얻는 비즈니스의 지혜

사업을 하는 사람들을 '상인'이라고도 하죠? 그 '상商' 자를 갑골문자로 추적해보면, 제사상 앞에 술잔을 놓은 모양이라고 합니다. 앞에 나온 내용을 읽은 분들은 이해가 가죠? 〈심청전〉을 보면 뱃사람들이 공양미 300석에 심청이를 사서 인당수에 제물로 바칩니다. 뭡니까? 배를 띄우는 것 하나하나가 사업이죠? 벤처venture입니다.

고기를 잡으러 나갔다가 대박이 나면 물고기를 한가득 잡아서 돌아오는 것이고, 반대로 쪽박을 차면 파선돼서 다 죽을 수도 있습니다. 배를 띄우는 것 자체가 사실 투자인 것입니다. 배를 새로 만들거나 고장난 부분이 있으면 수리도 해야 하고, 그물도 엄청 비싸죠. 많은 돈과 노력을 들였으니, 대박이 나도록 풍어제도 지내야 하고요. 지구상 모든 어촌마을의 공통된 전통입니다. 그때 무당만 굿하면서 제사를 지내는 게 아니라, 모든 사람의 정신을 알딸딸하게 만들어 흥을 돋우면 더 좋겠죠? 그래서 술잔을 놓은 것이 갑골문자 시대로부터 내려온 '상商' 자의 유래입니다.

여기서부터는 저의 개인적인 해석입니다. 사람들이 잔뜩 모인 가운데 술이 한 잔 두 잔 돌고 나면 자연스럽게 입이 열리고, 서로 얘기들이 오가면서 정보가 흘러나오겠죠. '어디에는 뭐가 잘 잡힌다더라', '어디 가면 뭐가 싸다더라' 등의 정보 말입니다. 정보가 가격에 반영돼야 한다는 '시장 효율성'의 의미도 사실 이 상인 상商 자에 입 구口 자가 들어 있는 것과 일맥상통합니다. 투자자를 끌어들일 때도 말을 해야 하니까요.

유럽에서 싱가포르, 인도네시아로 향료무역을 하던 대항해시대를 생각해보세요. 그 위험한 사업에 투자자들을 모으기 위해서 오죽 머리를 짜냈으면 주식회사라는 형태가 탄생하고, 1492년 이탈리아 상인인 콜롬버스는 스페인까지 가서 이사벨 여왕을 설득하려 들었겠습니까?

중국 주식은 종목코드에 8이 들어가면 좋다?

다시 미신 얘기로 돌아와서, 미신과 개미 투자자들의 이야기를 연구해서 탑 저널에 논문을 내신 분들이 있습니다. 동서양을 막론하고 나라마다 숫자에 관한 미신들이 제각기 있습니다. 이것을 연구하는 학문을 수비학數秘學이라고도 하는데, 허슐라이퍼Hirshleifer 교수팀은 아시아, 특히 중국을 주목했습니다.

여러분도 숫자 중에 피하는 것이 있나요? 십중팔구 동양 사람들은 4를 싫어합니다. 한국, 일본, 중국 한자 문화권의 공통적인 특징입니다. 우리 말로 죽을 사死와 발음이 같죠? 일본말로도 과로사過勞死를 '카로시'라고 하고, 숫자 4도 '시'라고 똑같이 발음합니다. 그리고 중국어로도 죽을 사死를 '쓰'라고 발음하는데, 하필이면 이게 숫자 4의 발음과 같습니다. 그래서 동아시아 3국의 투자자들이 피하는 숫자도 4입니다.

반면 좋아하는 수는 세 나라가 다 다릅니다. 중국 사람들은 알다시피 8을 제일 좋아하죠. 무조건 8입니다. 왜냐? 발음이 '빠Ba'인데, 이게 뭐랑 발음이 비슷하냐면 '파Fa', 필 발發 자와 비슷합니다. 무슨 뜻일까요? 뭔가 피어났다고 하는 것, 즉 돈이 뭉게뭉게 피어나길 바라는 것입니다. 나쁜 도깨비가 피어나면 어떻게 하려고 그러는지 모르겠는데, 그런 생각은 안 하고 돈이 피어나는 것만 생각하나 봅니다.

하여튼 중국인들의 8에 대한 애정과 집착은 심각한 수준입니다. 자동차 번호판을 정부에서 경매하는데, 8자 들어가는 것, 예를 들어 'APY888'이라는 번호판은 6,750달러에 팔렸다고 합니다. 보통 번호판 값의 20배로, 웬만한 차 두 대 값입니다. 8과 함께 6과 9도 행운의 숫자로 좋아한다고 합니다. 6은 뭔가 순조롭게 흘러간다는 흐를 류流 자와 발음이 비슷해서, 9는 장수를 의미하는 오랠 구久 자와 비슷해서요.

허슐라이퍼 교수팀은 이런 숫자에 대한 투자자들의 미신을 IPO 상황에서 살펴봅니다. IPO 이야기를 많이 들어보았을 것입니다. 요즘 카카오뱅크도 하고 맥스트도 한다니까요. 익숙하겠지만 설명을 붙이자면, 회사가 주식시장에 상장하는 것이 IPO입니다. 그 전까지는 창업자 혼자 혹은 주변 사람들 일부, 아니면 벤처 투자자, 엔젤 투자자, PEF 한두 개만 해당 회사에 투자를 해서 주주구성이 단순했고 규모도 작았는데, 이제 사업 규모가 커져서 자기들 돈만으로 투자금 충당이 안 되다 보니, 일반 대중에게 손을 벌려서 "당신들도 주주가 되고, 대신 돈 좀 박으시오." 하는 것입니다. IPO를 하고 나면 그 회사 주식들이 이제부터 한국거래소나 코스닥 같은 공개된 시장에서 거래되고, 가격이 실시간으로 변하는 것을 볼 수 있습니다. 그 전에는 가격이랄 게 없었죠. 왜냐면 거래 자체가 자주 일어나지 않으니까요.

주식시장에서 1초라도 빨리 사고팔아야 하는데 회사 이름이 길면 헷갈리겠죠? 회사 이름을 대신해 부여하는 종목코드가 있습니다. 미국의 경우 알파벳 3~4자입니다. 애플은 AAPL, 테슬라는 TSLA, 넷플릭스는 NFLX죠. 우리나라는 숫자입니다. 국민주로 통하는 삼성전자의 종목코드는 005930이죠. 중국도 숫자를 부여받습니다.

그런데 자동차 번호판 하나에도 8이 들어간 것을 받기 위해서 웃돈까지 주는 중국인들 아닙니까? 소중한 자기 회사 코드에 8을 부여받기 위해 얼마나 많은 웃돈을 주겠습니까? 4를 피하기 위해서도 엄청나게 애를 쓰겠죠? 그래서 종목코드를 이루는 0부터 9까지의 숫자들 중에 8이 나올 확률은 다른 숫자들이 랜덤하게 나올 확률보다 24% 정도 높고, 4가 나올 확률은 다른 숫자들이 나올 확률보다 27% 정도 낮다고 합니다.

중국의 투자자 역시 종목코드에 8이 들어간 회사들을 엄청 선호하고, 4가 들어간 회사들을 엄청 기피한다고 합니다. 얼마나 좋아하고 싫어하는지는 사실 상장 첫날 주가의 움직임을 보면 알 수 있습니다. 다른 경제적 변수들을 다 통제해주고서도 행운의 숫자들이 들어간 회사들은 첫날 주가가 많이 올라갔다고 합니다. 물론, CEO가 원하는 행운의 숫자가 많이 나오는 종목코드를 받을 때까지 당국에 재요청할 만큼 파워가 있는 회사여서 그럴 수도 있겠지만, 그런 경제력 등의 펀더멘털 요소를 통제하고서도 여전히 첫날 주가 상승이 컸다고 합니다.

사실 그만큼 재미있는 것은 IPO 다음에 주가의 장기적인 움직임입니다. IPO 투자에 관심을 가져오신 분들은 아시겠지만, IPO라는 것이 주식시장에 분위기가 너무 좋을 때, 즉 "물 들어온다, 노 저어라!" 하는 식으로 하는 게 많거든요. 즉 주식시장이 너무 버블이라서 너도나도 주식투자에 혈안이 됐을 때인지라, 회사 입장에서 자금을 조달하려면 은행 빚을 지기보다는 주식시장에 IPO를 하는 것이 더 싸게 자금조달을 할 수 있는 시기라는 것입니다. 그러다 보니, 막상 IPO를 감행하고 난 다음에는 주식시장 열기가 시들해지고, 그런 만큼 주가도 시들해지며 빠진다는 것이 지금까지 연구들의 공통된 발견이죠. 쿠팡만 해도 그렇습니다. IPO 당시 첫날 주가가 69달러였는데, 된 지금은 27달러로 6개월만에 거의 1/3토막이죠.

자, 그럼 종목코드에 행운의 숫자가 들어간 회사는 4가 들어간 회사와 비교했을 때 IPO 이후 주가 움직임이 어떨까요? 미신이 맞다면 8이 들어간 회사들은 재수가 좋아서 계속적으로 좋은 뉴스들이 나올 것이고, 그러다 보면 주가도 계속 높아지겠죠? 그리고 4가 들어간 회사들은 재수가 없어서 나쁜 뉴스들이 더 많이 나오고, 주가도 더 많이 떨어지고요?

데이터를 분석해보니, 그런 미신은 장기적으로 안 통했습니다. 6, 8, 9가 들어가는 회사들의 주가들은 IPO 당일에 너무 많이 올라갔기 때문에 나중에 더 많이 빠지고, 4가 들어가는 회사들은 애당초 올라간 것이 별로 없어서 나중에 빠지지도 않았다고 합니다. 심지어 3년 정도의 기간을 분석해보면 행운의 숫자가 들어간 회사들이 4가 들어간 회사들보다 주가가 10.8% 정도 더 빠졌다고 합니다.

결국 미신의 효과는 회사 자체에 있지 않고, 투자자들이 열광하는 정도와 단기적 버블의 크기에만 영향을 미칠 뿐이라는 것이죠. 핀테크 서비스를 제공하려거든 그 나라 혹은 문화권에서 흔히 행운의 숫자 혹은 불행의 숫자로 여겨지는 것이 뭔지를 파악해서 역발상으로 조언해주는 것도 좋겠죠?

내 운명은 내가 개척한다!
자기효능감과 개인파산의 관계

▷ 여러분은 자신의 행동이 미래에 얼마만큼 영향을 미칠 거라고 믿으시나요? 즉, 스스로의 노력이나 상황 대처 능력으로 미래가 더 나아질 수 있다고 믿으십니까? 그러한 믿음의 정도를 심리학에서는 '자기효능감self efficacy'이라고 얘기합니다.

예를 들어 어떤 사람이 은행 빚을 갚을까 말까 고민하는 상황이라고 칩시다. 이걸 갚기 위해서는 당장 소비를 줄이고 투잡을 뛰면서 허리띠를 졸라매야 합니다. 정말 그렇게 하면 정말 나중에 신용불량자 딱지를 면하고 행복하게 살까요? 그 상황에서 두 종류의 사람을 생각할 수 있습니다. 첫째는 "그래. 지금 좀 참고 노력하면 밝은 미래가 올 거고, 언젠가는 나도 부자가 되어 행복하게 살 거야!"라고 합니다. 반대로 둘째는 "어차피 그렇게 노력해봐야 소용없고, 신용불량자 같은 빈곤의 굴레는 피할 수 없는 팔자야. 에라, 모르겠다."

여러분이 뱅커라면 누구한테 돈을 믿고 빌려주겠습니까? 뻔하죠? 그 얘기입니다. 그런 심리적인 태도 차이가 다른 모든 개인의 위험회피 성향과 IQ, 소득, 교육, 부모 찬스 등 경제적·사회적 변수들을 다 감안하고 나서도 개인파산 확률에 영향을 준다고 합니다. 노스캐롤라이나 대학의 카멜리아 쿠넨Camelia Kuhnen 교수팀이 2018년 〈저널 오브 파이낸스 Journal of Finance〉에 게재한 논문입니다. 미국에서 1979년부터 무작위로 추출한 6,000여 명을 대상으로 조사를 했습니다. 미국의 대표적 청년층 패널조사 NLSYNational Longitudinal Survey of Youth에서 다년간 추적한 결과인데, 이 조사는 어릴 때부터 어른이 된 이후의 인생까지 추적하면서 구축한 데이터로 성인기 이후에는 노동시장 및 금융시장에서의 경험치도 포함됩니다.

연구결과에 따르면, 자기효능감은 부모와 자녀 간의 상호작용을 통해 어렸을 때 형성되며 일평생 지속된다고 합니다. 혹시 1970년대 우리나라 새마을 운동의 3대 정신을 아시나요? 근면, 자조, 협동인데, 거기서 '자조自助'란 '하늘은 스스로 돕는 자를 돕는다'입니다. 이것과 자기효능감의 개념이 비슷하다고 보면 됩니다. '내 운명은 내가 개척한다'는 정신이 있는 사람과 없는 사람은 차이가 크다는 것입니다.

전자는 저축도 많이 하고, 보험도 잘 들고, 빌린 돈도 제때 갚습니다. 특히 실직하거나 건강에 문제가 생기는 등 인생에 뭔가 타격을 받은 직후에도 이 사람들은 회복탄력성이 좋습니다. 반면 자기효능감이 없는 사람은 우울증에 빠지거나 "나는 해봐야 별수 없어. 다 팔자소관이

지…"하면서 알코올이나 마약에 중독되기 쉽고, 불행하게 생을 마감할 수도 있습니다.

고객의 자기효능감을 파악하라

아직도 심리적 요소가 핀테크와 무슨 상관인가 싶으신가요? 고객을 입체적으로 파악하는 것, 즉 KYC는 핀테크의 핵심분야 중 하나입니다. 여러분 개인 고객을 모집하면서 그분들의 자기효능감 정도를 수치화하고 관리해야 한다는 겁니다. 쿠넨 교수팀의 연구에 의하면 자기효능감 스코어가 1 표준편차만큼 크면 대출금 연체율이 1.9%포인트 낮아지고, 부동산이 압류될 확률은 0.5%포인트 낮아진다고 합니다. 얼른 보기에 너무 작은 숫자 같죠? "그래서 뭐?" 싶을 수도 있겠지만, 애당초

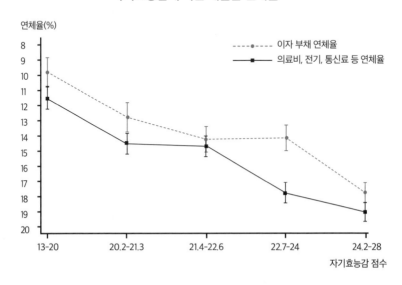

자기효능감에 따른 대출금 연체율

평균적인 연체율과 압류율도 워낙 낮아서, 평균치 대비 11~14% 정도 낮추는 큰 효과가 있다는 것입니다.

그래프는 자기효능감 점수를 가로축에 놓고, 세로축에는 그룹별 연체율 평균을 나타냈습니다. 자기효능감 점수가 높을수록 연체율이 확연하게 낮아지는 것이 보이죠?

그렇다면 자기효능감 점수는 어떻게 매기는지 궁금할 것입니다. 아래 문항을 읽고 1점부터 4점까지 점수를 적어봅니다. 1점은 강하게 맞다이고, 2점은 대체로 맞다, 3점은 대체로 아니다, 4점은 강하게 아니다입니다.

1. 나는 나 자신의 문제를 해결할 수가 없다. (   )
2. 때론 내 인생이 남에 의해 수동적으로 살아지는 느낌이다. (   )
3. 내게 일어나는 일들에 대해 내게 주도권이 없다. (   )
4. 나는 거의 모든 일에 대해 내가 마음먹은 대로 해낼 수 있다. (   )
5. 내 인생의 문제에 있어서 무기력하게 느낀다. (   )
6. 내 미래에 일어날 일들은 내가 하기 나름이다. (   )
7. 인생의 중요한 일 중 많은 부분은 내가 어쩔 수가 없다. (   )

이 중 4, 6번 항목은 거꾸로 점수를 매깁니다. 즉, 1점은 4점으로, 2점은 3점으로, 3점은 2점으로, 4점은 1점으로 바꾸면 됩니다. 일곱 문항의 점수를 다 적은 후에 더해봅니다. 총점이 높을수록 자기효능감이 높다고 볼 수 있습니다.

로보어드바이저
: 네가 정말 금융의 민주투사라고?

▷ 앞에서 보셨다시피 부자와 가난한 사람들의 투자성과는 상당 부분 정보력의 차이에서 비롯됩니다. 그래서 너도나도 '금융 민주화'를 외치며 그 정보력의 차이를 메꿔주겠다고 나섭니다. 전문가들의 고급 정보를 저렴하게 대중에게 제공해주는 로보어드바이저Robo-advisor 회사들이 바로 그 주인공입니다. 미국에는 베터먼트, 웰스프론트, 퍼스널 캐피탈이 유명합니다. 이 세 회사는 2017년 기준으로 각 120억 달러, 90억 달러, 40억 달러 정도의 자산을 운용하고 있습니다. 또한 각 30만 6,000명, 17만 1,000명, 1만 1,300명의 고객을 유치했는데, 이들 중 고액 자산가들은 10% 이하라고 합니다. 우리나라에는 파운트, 에임, 디셈버앤컴퍼니, 딥서치 같은 회사들이 있

습니다. 이들은 이제 스스로를 로보애널리스트 회사라고도 얘기합니다. 그러면 이들을 활용하는 투자자들이 실질적으로 투자성과가 더 좋았을까요?

물론, 아직 로보어드바이저의 효과가 있는지를 확실하게 알려면 10~20년 흘러가면서 불황과 호황을 골고루 지나봐야 합니다. 하지만 그사이에 테스트를 해서 개미들의 투자행태에 변화가 있었는지를 살펴본 연구자들이 있습니다. 보스턴 칼리지의 프란체스코 다쿤토Francesco D'Acunto, 존스홉킨스 대학의 프라발라Prabhala, 조지타운 대학의 알베르토 로씨Alberto Rossi 교수팀입니다. 이들이 인도의 데이터를 가지고 연구하여 2018년 〈RFSReview of Finarcial Studies〉에 발표한 논문을 보면, 로보어드바이저를 쓰고 나서 사람들의 처분효과와 랭크효과가 조금 줄었으나 완전히 없어지지는 않았다고 합니다. 이 두 개념에 대해서는 잠시 후에 설명하겠습니다.

인도의 로보어드바이저 회사는 마코위츠 교수의 '포트폴리오 최적화' 이론에 의거해 자동으로 조언해주는 서비스라고 합니다. 그래서 한두 가지 주식에만 몰빵투자를 하던 사람들은 분산투자를 하게 되었고, 수익률이 좋아짐과 동시에 변동성이 줄었다고 합니다. 반면 너무 많은 주식에 정신없이 투자하던 사람들은 종목 수를 조금 줄였으나 트레이딩은 더 많이 했다고 합니다. 그리고 투자자들은 로보어드바이저 서비스에 가입한 후 전보다 주식시장에 더 자주 로그인하면서 관심도 더 많이 쏟게 되었다고 합니다. 이렇게 되다 보니 포트폴리오의 변동성은 점점 줄어들었고 안전성은 높아졌답니다.

처분효과는, 강환국 작가의 표현을 빌리면 '투자 생활의 스탈린 같은 적'입니다. 주가가 오를 때와 내릴 때 양쪽에서 다 나타나는 고약한 현상입니다. 대표적인 이유가 두 가지인데, 첫째는 투자한 주식의 주가가 떨어지면 '얼마 아래로 떨어지면 칼같이 손절매하겠다'는 결심을 미리 했더라도 팔지 못하고 그냥 '존버'합니다. 손실실현이 이익실현보다 2~3배 더 고통스럽거든요. 그래서 "내가 사면 주가가 떨어져" 하는 얘기도 성립하는 거고, "나는 차마 팔 수가 없으니, 아들아, 네가 나중에 팔아라" 하는 유언을 남기기도 합니다.

둘째는 주가가 오르면 조금 더 버티지 못하고 너무 일찍 팔아서 후회한다는 겁니다. '소확행'을 추구하는 거죠. 모멘텀이란 게 있어서 사실 쭉쭉 더 올라갈 것이 분명한데도 이렇게 서둘러 팔아버리니 "내가 팔면 주가가 더 올라가" 하는 겁니다. 행동재무의 핵심개념 중 하나죠.

사람은 늘 일관성 있게 위험회피를 하지 않습니다. 조금이라도 얻을 게 있으면 위험회피를 합니다. 조금만 들어와도 좋으니 뭔가 확실하게 손에 쥐고 싶다는 바람 때문입니다. 반면 죽게 생겼다 싶으면 살기 위해 찬스를 보는 등 위험을 선호합니다. 도박을 할 때 뭔가 잃은 상황이라 칩시다. '내 인생, 여기까지' 싶고, 막다른 골목에 다다른 것 같고, 독 안에 든 쥐가 된 듯하면 이판사판 도박을 겁니다. 영화 〈타짜〉에서 곽철용의 명대사 "묻고 떠블로 가!" 하는 목소리가 들리죠? 투자한 주식에 가격이 폭락하자 물타기를 하는 심정이죠. 그런데 이렇게 처분효과에 꼼짝 못 하는 투자행태야말로 돈을 날리는 지름길입니다.

랭크효과란 것도 사실 처분효과와 비슷한 개념입니다. 여러분이 열 종목의 주식을 몇 달째 들고 있다고 칩시다. 이들 중에 어떤 종목을 팔아야 할까요? 이성적으로 생각하면 시장에서 현재 가장 고평가된 주식 순서로 팔아야겠죠? 수익성이나 성장성은 낮은데, PBR이 아주 높은 주식들 말입니다. 이런 주식들은 곧 주가가 떨어질 게 뻔하니까요. 그런데 그렇게 이성적으로 생각하는 게 귀찮습니다. 그래서 그냥 가지고 있는 동안 수익률이 가장 좋았던 것부터 팔아버립니다.

여러분이 지난 몇 달간 들고 있었던 종목들의 수익률이 다 −10%에서 +10% 정도로 그저 그런 상황입니다. 그런데 "오잉! '골프존'이 20% 올랐네? 빨리 팔아서 소확행 해야지!" 합니다. 그러면 안 된다고 했죠? 왜냐? 더 올라갈 모멘텀이 있을지 누가 압니까? 사실 골프존 같은 경우는 2021년 상반기 현재 2030세대의 골프 열풍에 힘입어 주가가 오른 것이고, 이게 상당히 오래 갈 수도 있거든요. 종목마다 그런 분석을 한 다음에 팔지 말지를 결정해야 합니다.

사실 로보어드바이저가 전문가들만 아는 고급 정보를 제공한다고 보기는 어렵습니다. 그보다는 행동재무적으로 사람들이 취약한 부분을 보완해주고 실수를 최소화해주는 데 초점이 맞춰져 있습니다. 물론 요즘 코인투자 덕분에 하루아침에 50%씩 오르락내리락해본 강심장 투자자들한테는 이런 얘기가 맹숭맹숭할지 모릅니다. 그러나 많은 슈퍼개미 투자자들의 공통된 조언은 "실수를 최소화하라"입니다.

그런 점에서 로보어드바이저는 금융민주화에 조금은 실효성이 있을 것으로 보입니다. 물론 만병통치약은 아닙니다. 여전히 과도한 트레이딩을 막을 수 없고, 처분효과를 조금 줄일 수는 있어도 아예 없애지는 못하니까요.

기계들의 반란과 초단타 매매

▷ 로빈후드의 창립자 블라드 테네프가 원래 초단타 매매 회사를 차렸던 수학자라는 것은 이미 말씀드렸습니다. 핀테크의 급속한 발전으로 인해 투자은행 계의 절대강자 골드만삭스도 본사의 트레이더 600명을 해고하고 단 2명만 남겼다는 얘기는 유명합니다. 그리고 시카고 상품거래소에서도 마찬가지였습니다. 과거 500명의 트레이더가 발 디딜 틈 없이 빼곡히 들어차 온종일 소리지르며 거래하던 곳에 2017년에는 5명만 남았다고 합니다. 전통적인 문과 스타일로 재무학을 배운 사람들에게는 괴담처럼 무겁게 들리는 얘기죠.

'르네상스 테크놀로지스'의 짐 사이먼스를 비롯한 수학자들이 전통적인 경제학 이론과는 상관없이 새로운 알고리즘을 동원해 자동 트레이딩 기법으로 엄청난 수익을 올리고 있다는 얘기는 이제《시장을 풀어낸 수학자》등의 책으로도 나올 정도입니다. 이런 와중에 특별히 관심을 끄는 존재가 있으니, 바로 초단타 매매자들입니다. 흔히 단타 매매를 한다는 개미들이 있지만, 그건 몇 시간 단위로 사고파는 것입니다. 초단타는 100만 분의 1초를 다툽니다.

그런 알고리즘 트레이딩이 어떻게 이루어지는지에 대한 얘기를 자세히 다룬 다큐멘터리 소설《플래시 보이스》에 나옵니다. 한국계 캐나다 교포 로버트 박, 일본계 캐나다인 가츠야마가 주인공입니다. 간단히 얘기를 요약해보면 이런 스피드 격차에 놀라실 겁니다.

월스트리트의 RBC^{Royal Bank of Canada}에서 주식 트레이더로 일하던 가츠야마의 증언입니다. 그가 AMD 주식을 사볼까 하고 관심을 가졌다고 칩시다. 자기 컴퓨터 스크린에 AMD 주식을 팔겠다는 지정가 매도 물량이 있는지 보니까, 50달러에 10만 주를 팔겠다는 게 걸려 있네요. 그래서 가츠야마가 "그래! 50달러에 10만 주 내가 살게!" 하고 사자 버튼을 클릭하면 어떻게 될까요? 1990년대 말이었다면 100% 모두 수중에 들어왔을 것입니다 2000년대 초반에는 그렇게 클릭하면 80%만 들어왔답니다. 그러던 것이 2000년대 후반에 들어서는 60% 정도만 들어왔다는 것입니다. 그러면서 동시에 새로운 지정가로 팔자 주문이 50.02달러처럼 살짝 높은 가격에 생기더라는 것입니다. 시간이 갈수록 뭔가 더 손에 안 잡히고 미끄러지는 느낌이 드는 거죠. 이게 어떻게 된 일일까요?

그 비밀은 사실 미국의 거래소 구조에 있습니다. 우리나라와는 달리 미국에서는 일단 하나의 주식이라도 그것을 거래하는 거래소가 여럿입니다. 그래서 비용이 적게 드는 거래소를 브로커들이 컴퓨터로 부지런히 찾습니다. 그리고 뉴욕의 증권거래소, NYSE에서 AMD를 사거나 팔기로 했다고 쳐도, 그것이 진짜 거래가 일어나는 장소는 쿠팡에 김범석 회장이 IPO 한다고 가서 오프닝 벨 땡땡 쳤던 플로어floor가 아닙니다. 수십 년 전에는 거기서 주식 증서를 주고받았지만, 지금은 컴퓨터 서버에서 이루어지죠. 그 서버들은 분산돼 있습니다. NYSE 플로어에 오가는 사람들을 스페셜리스트라고 하는데, 피터 턱만Peter Tuckman 같은 사람들이죠. 이분들은 기계로 트레이딩이 진행되는 와중에 간혹 사람 손이 필요한 소수의 종목들을 정리하는 역할만 합니다.

좌우간에 NYSE의 경우 실제 거래가 일어나는 서버들은 어디 있느냐? 그림과 같이 차로 1시간 반 거리에 네 개의 데이터센터가 흩어져 있습니다.

오른쪽 그림을 보면 뉴욕이라고 써진 사각형이 맨해튼 섬의 남쪽 끝이죠. 특히 월스트리트가 저 네모 안에 있습니다. 거기에 RBS도 있고, 다른 은행들도 줄줄이 있고요. 데이터센터 중 가장 가까운 곳은 허드슨 강 건너 뉴저지주에 있는 배츠BATS입니다. 두 번째로 가까운 곳은 디렉트 엣지Direct Edge이고요. 그다음으로는 남쪽 끝에 아마존Amazon, 가장 먼 곳은 북쪽 끝의 NYSE 데이터센터입니다.

그래서 일단 AMD 주식 10만 주를 50달러에 사려고 생각 없이 '사자'를 클릭하면 지리적으로 가장 가까운 곳부터 그 가격에 팔겠다고 내놓은 매도 물량이 남아 있는 만큼만 사들이고 그다음 데이터센터로 넘어갑니다. 그렇게 해서 네 곳을 쭉 훑어가면서 거래가 체결되는 것입

물리적 거리로 판가름 나는 초단타 매매

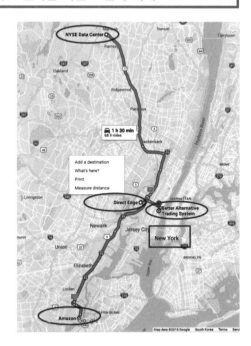

주문 넣는 곳

거래가 일어나는 데이터센터

니다. 그 거리가 끽해야 차로 1시간 반이고, 전자의 속도는 1초에 30만 km, 즉 지구를 7바퀴 반을 돌 수 있으니 저 정도 거리 차이가 뭐가 그리 대단한가 싶을 것입니다. 네, 물론 주문이 배츠에 최초로 도달한 시각부터 가장 북쪽 끝의 NYSE 데이터센터까지 도달하는 데 2/1000초밖에 안 걸립니다. 눈 깜짝할 사이가 3/10초라고 하니 정말 별 차이 없어 보이죠? 그런데 이것이 별 차이가 아니라고 생각하면 큰 오산입니다.

분모가 1,000이니까 분자가 2지, 만약 분모가 100만이면 분자가 2,000입니다. 가츠야마가 컴퓨터 엔지니어들과 정밀하게 살펴보니, BAT에서 RBC의 거래가 체결된 직후 누군가가 100만 분의 476초 정도의 속도로 NYSE 데이터센터에서 내놨던 매도 주문을 취소하고 가격을 올려서 걸었다는 것입니다. 주문이 도달하는 2/1000초의 거의 1/5~1/4에 해당하는 시간에 조치를 취합니다. 팬텀 쿼트phantom quote라고 해서 유령 주문을 내놨던 것을 거두고 바로 살짝 올리는 것입니다. 지정가 사자 주문이어서 가격이 높아진 이상 거래가 체결이 안 되고 말았죠. 만약 시장가 사자 주문이었으면 NYSE 데이터센터에서는 새로 올려서 제시한 가격에 비싸게 샀을 것입니다. 그야말로 순식간에 살짝살짝 '삥 뜯기는' 상황이 되는 것입니다. 이런 식으로 초단타 매매자들은 네 곳의 데이터센터마다 유령 주문을 주렁주렁 걸어놓습니다. 그러면서 배츠에서 누군가 샀다는 것을 감지하면 나머지 다른 데이터센터에서 그 짧은 시간에 가격을 올려서 새로 내놓습니다.

그렇다면 어떻게 해야 이 상황을 극복하고 최초에 눈에 보이는 지정가 매도가격에 10만 주를 모두 살 수 있을까요? 이들이 머리를 짜낸 것은 시간차 역공입니다. 일단 사자 주문량을 쪼갭니다. 가장 멀리 있는 센터로 사자 주문을 보낸 후 100만 분의 290초 이내로 가장 가까운 곳까지 순차적으로 뿌립니다. 그러고 나면 NYSE 데이터센터에 서 있던 유령 팔자 주문의 알고리즘은 눈이 빠지게 배츠에서 아군의 "RBC가 산다! 가격 올려라!" 하는 신호가 오기를 기다렸는데, 그 전에 RBC의 사자 주문에 붙잡혀서 그대로 최초 지정가에 체결되는 겁니다. 즉, RBC의 가츠야마도 또 다른 초단타 매매자가 되어서 상황을 극복한 겁니다.

이런 식으로 주식 트레이딩 주체들 간에 초단타 매매의 군비경쟁은 끝이 없습니다. 이렇게 기계를 동원해 초단타 매매를 하는 것은 시장의 효율성에 좋은 쪽으로 기여할까요? 아니면 악당 노릇을 할까요? 이것에 대해서는 의견이 분분합니다. 부정적인 면을 보면, 이들 간에 서로 알고리즘이 잘못 맞아 돌아갈 경우 연쇄적인 매도 주문의 쳇바퀴에 걸려들어 10분 만에 다우존스 같은 주가지수까지도 6~10%씩 폭락했다가 원위치로 돌아오는 '플래시 크래시flash crash'가 자주 발생할 수 있습니다. 반면 긍정적인 측면은 거래가 자주 이루어지지 않는 소형주들에 대해 계속적으로 사자 팔자 지정가 주문을 내줘서 이런 주식들의 가격이 좀 더 효율적인 레벨에서 형성되도록 도와준다는 것입니다.

초단타 매매자들이 처음에는 돈을 많이 벌었고, 그 시간을 아끼는 노력을 위해서 시카고에서부터 뉴욕까지 최단 직선거리로 케이블을 매설하기 위해서 터널도 뚫고 무선송신탑도 세우는 등 막대한 자금을 투자했습니다. 하지만 이제는 너도나도 초단타 매매를 써서 전처럼 돈을 더 많이 벌지는 못한다고 합니다. 오히려 초단타를 활용하지 않을 경우 손해가 발생할 테니 여기에 의존하는 구조로 가는 것 같습니다.

〈내 안의 그놈〉 같은 주식

2018년에 나온 영화 〈내 안의 그놈〉을 보셨나요? 조폭 보스와 고등학생이 사고로 영혼이 뒤바뀌면서 벌어지는 일을 보여주는 코미디 판타지입니다. 영혼만 바뀐 줄 알았더니 운동신경까지 다 바뀌어서, 일진들로부터 괴롭힘당하던 고등학생 주인공은 인생역전을 합니다. 괴롭히던 애들을 시원하게 두들겨 팰 뿐 아니라 30~40대 깍두기 아저씨들을 부하로 거느리는 상황도 벌어집니다.

그런데 주식시장에도 이와 비슷한 일이 벌어집니다. 주식들끼리 서로 영혼이 바뀌지는 않지만, 가끔 다른 회사처럼 행세하는 주식들이 나타납니다. 바로 비슷한 이름의 주식들입니다. 사람도 동명이인이면 헷갈리는데, 주식 트레이딩에서도 비일비재합니다.

미국의 SNS 기업 트위터Twitter를 모르는 분은 없으실 겁니다. 2013년에는 이 회사가 상장이 안 돼 있는 상태였습니다. 그런데 당시 페이스북과 함께 인기가 막 올라가기 시작했죠. 트위터 경영진은 "야, 이거 돈 끌어모으기 좋겠다!" 하면서, 10월 4일 아침에 "우리가 6개월 후에 IPO를 하려 합니다"라고 발표합니다. 그 말은 곧 지금 증권시장에는 아직 트위터 주식이 없다는 뜻이죠?

놀랍게도 그 순간, 트위터랑은 아무런 관계가 없는 트위이터Tweeter라는 회사의 주가가 10분 만에 13배 뜁니다. 이 회사는 홈시어터나 스피커 시스템 같은 것을 만드는 회사입니다. 그 사건이 일어나기 몇 년 전에 이미 장사가 안 돼서 망했고, 우리로 치면 법정 관리 상태였죠. 그래서 주당 1센트로 장외시장 거래가 되는 동전주였습니다.

트위터가 IPO를 하겠다고 발표한 순간에 누군가 "트위이터? 그러엄! 내가 잘 알지!" 하면서 아무 생각 없이 사버렸다는 것입니다. 급격하게 수요가 올라가면서 주가가 10분 만에 1센트에서 13센트로 점프합니다. 딱 정점 찍은 순간에 누군가는 저 값에 샀다는 거죠? 그분들은 잠시 후에 쪽박을 확인하며 이렇게 말했겠죠?

"이 산이 아닌개벼, 저 산인개벼!"

비슷한 예는 많습니다. 미국 주식시장에 종목코드가 CUBA인 뮤추얼 펀드 회사가 있습니다. 공교롭게도 쿠바^{Cuba}는 멕시코만 카리브해에 있는 공산국가죠? 아시다시피 케네디 대통령 때 미사일 위기도 있었고, 미국 입장에서는 자기네 앞마당의 공산국가 쿠바가 항상 눈엣가시였습니다. 그러다가 갑자기 2015년 오바마 정권 때, 쿠바와의 관계를 정상화시키겠다는 발표가 나옵니다.

그 발표가 나오자마자 "쿠바? 알쥐!" 하며 CUBA 종목을 사들인 분들이 있다는 거죠? 덕분에 이 큐바 뮤추얼 펀드의 주가가 정신없이 뜁니다. 7달러 근처에서 14달러로 2배! 이 뮤추얼 펀드에 담배와 관련된 주식은 아무것도 없었고, 쿠바와 관련된 어떠한 정치적·경제적 연관도 없었습니다. 우리나라 대선 테마주는 후보들과 인간관계 네트워크라도 있어서 뛰죠. 이건 아무것도 없어요. 그러니 이다음 날 또 누군가가 저 꼭대기에서 외쳤겠죠? "이 산이 아닌개벼!"

또 다른 사례로 1990년대 말 세계적인 텔레콤 회사 MCI커뮤니케이션 이야기입니다. 나스닥에서 이 회사의 종목코드는 MCIC였습니다. 당시는 인터넷과 통신산업이 한창 뜰 때라서 서로 간의 합종연횡이 많았고, 결국 이 회사도 나중에 월드콤에 200억 달러에 팔립니다. 그때까지 인수합병과 관련된 굵직한 발표들이 있을 때마다 덩달아 움직이는 주식이 있었는데, 매사추세츠 뮤추얼 펀드의 한 펀드 주식이었습니다. 뮤추얼 펀드는 불특정 다수 고객의 투자금을 모아서 다른 회사 주식이나 국채 등에 투자하여 수익을 벌어들이는 회사입니다. 개별 펀드 자체가 하나의 회사라고 보면 됩니다. 그뿐 아니라 거기에 투자한 사람이 해당 펀드의 주주인 격이죠. 그리고 그 펀드 주식 자체를 주식시장에 상장시켜 사고팝니다.

그런데 이 매사추세츠 (매스) 뮤추얼의 펀드들 중 하나가 공교롭게도 종목코드가 MCI였습니다. 맨 뒤에 C자가 빠진 그냥 MCI요. 이 펀드에는 당시 텔레콤 주식이 하나도 없었다고 합니다. 그럼에도 MCI커뮤니케이션이 뭔가 발표를 하기만 하면 매스 뮤추얼의 MCI 펀드 주가가 MCI커뮤니케이션처럼 움직였다고 합니다.

MCI 커뮤니케이션 주식의 거래량과 MCIC 펀드 거래량의 상관계수가 0.56~0.65로 나타났는데, 이는 같은 텔레콤 업종의 AT&T 주식의 거래량과 MCI 거래량간의 상관관계인 0.03~0.04보다 거의 20배 높은 상관계수였다는 뜻입니다.

믿어지지 않겠지만, 종목코드나 이름이 비슷하다는 이유로 그냥 주식을 확 사버리는 사람들이 실제로 있습니다. 한두 명이 아니라 많은 사람이 계속 같은 실수를 반복한다는 것입니다. 핀테크 서비스를 제공하는 회사라면 이러한 실수를 방지시켜줄 서비스를 한다거나, 반대로 로봇 알고리즘으로 투자하는 서비스를 해줄 때 자연어처리를 통해 이런 것만 골라내서 길목을 지키고 있다가 공매도 치는 것도 생각해볼 만하겠죠?

영화 〈내 안의 그놈〉은, 의사가 수술한 후 두 사람의 영혼이 다시 제자리로 돌아오면서 끝납니다. 현실의 사람들은 영혼이 바뀌지도 않고 의사가 그렇게 영혼을 뒤바꿀 능력도 없지만, 주식들은 이따금 남의 회사 주식 행세를 하다가 되돌아옵니다. 그 '잠깐'이 얼마나 지속될 지는 사람들의 관심도에 따라 다릅니다. 그동안은 시장이 비이성적이라는 뜻이고, 거기에서 누군가는 뜻밖의 대박이 터질 때, 반대편의 누군가는 쪽박을 찬다는 의미겠지요.

위성사진을 보면 알 수 있는 것들

▷ 미국 드라마 〈빌리언스〉를 보면, 헤지펀드의 펀드매니저들이 위성사진을 판독해 월마트나 코스트코의 매출과 이익이 어떻게 될지, 그에 따라 주가가 어떻게 될지를 예측합니다. 월마트 주차장에 차가 몇 대 주차되어 있는지 세어보고 매출을 따져보는 것이죠.

물론 팬데믹 이후 온라인 쇼핑과 핀테크 사용자가 급속도로 늘어난 요즘 같은 상황에 위성사진으로 월마트 주차장을 들여다보며 매출을 예측하는 게 무슨 소용이 있나 궁금하실 수도 있습니다. 그런데 이렇게 생각하는 것은 우리나라의 특수성 때문에 체감을 못 하는 부분도 있기 때문입니다.

우리나라는 스마트폰 보급률이나 인터넷 속도 등이 거의 세계 최고 수준이라서 코로나 19 이전에도 온라인으로 많은 것을 해결해왔습니다. 2020년 기준으로 한국은 GDP 규모는 세계 10위인데, 전자상거래 규모는 세계 5위입니다. 반면 미국은 GDP는 1위지만, 온라인 상거래 규모는 2위입니다. 실제로 국가별 전자상거래 액수가 GDP 대비 몇 % 인가를 살펴보면 중국이 압도적인 1위로 19% 이상이고, 한국이 2위로 6%, 미국은 아직 5위로 3%입니다. 미국 사람들은 정부가 뭐라고 하든 지 말든지 마스크도 안 쓰고 바깥 활동을 많이 합니다. 그래서 위성사 진으로 월마트 같은 유통업체의 성과를 예측하는 것이 팬데믹 이후에 도 여전히 유의미한 방법일 것입니다.

우주 전쟁의 뜻하지 않은 결과

그렇다면 그 위성사진을 어디서 찍나요? 잠시 눈을 돌려 하늘 위를 살펴보겠습니다. 냉전 시대 때에 미국을 비롯한 서방세계와 동유럽 국 가들이 우주 전쟁을 한답시고 첩보 위성들을 마구 쏴 올렸습니다. 수천 개씩 경쟁적으로 하늘에 올렸죠. 그런데 이런 첩보 위성의 핵심 기술은 정밀 카메라입니다. 이미 20년 전부터 첩보 위성들은 수백 킬로미터 상 공에서 농구공 하나의 움직임까지 추적해낼 수 있었습니다.

그런데 베를린 장벽이 허물어지면서 이런 첩보 위성들이 딱히 쓸모 가 없어지는 듯했습니다. 북한의 동향이나 탈레반 같은 테러단체를 감 시하는 것 외에는 별로 쓸 일이 없었으니까요. 그러다가 얼마 후 다시 요긴하게 쓰일 곳을 찾았습니다.

이 위성사진은 한반도입니다. 원래 목적은 북한의 군사활동 감시였지만, 북한보다는 남한의 밤 풍경을 더 자세히 보여줍니다. 어디에서 산업활동이 더 부지런히 벌어지고 있는지도 딱 보이죠? 북한 조선중앙TV 리춘희 아나운서가 "위~대한 북조선은 매년 500%씩 경제성장을 하고 있습네다!"라고 아무리 힘주어 말해도, 이 사진 보는 순간 "너네는 경제활동을 낮에만 하나봐?" 하고 묻게 되죠.

바로 이 아이디어를 활용해 전 세계 각지에서 산업활동이 얼마나 활발하게 일어나고 있는지를 측정해볼 수 있습니다. 냉전 시대에는 위성사진을 찍어주는 회사가 많지도 않았고, 군 당국과 계약을 했기 때문에 사진값은 그야말로 부르는 게 값이었습니다. 하지만 2020년 3월 현재 지구 위의 인공위성 수가 5,774개라고 합니다. 배우 송중기 씨가 주연으로 나왔던 영화 〈승리호〉를 보면 우주 쓰레기 수거하는 얘기가 나오죠? 그리 먼 얘기가 아닙니다. 아무튼 엄청나게 많은 수의 위성에서 사진을 찍어대니 사진값도 많이 저렴해졌습니다.

저도 궁금해서 알아보았더니, 해상도와 크기에 따라 다르지만, 해외는 1장당 710달러부터라고 합니다. 물론 위로는 끝이 없겠지요. 한국항공우주연구원에서 공공, 학술 및 비영리 목적으로 배포하는 인공위성 사진 가격은 현재 아리랑 위성의 경우 가장 싼 것이 다목적 실용위성 2호에서 찍은 컬러사진으로, 1장당 33만 원이고 비싼 것은 110만 원까지 올라간다고 합니다.

손바닥으로 하늘을 가릴 수는 없다

유가는 글로벌 경제 상황에 따라 엄청나게 오르내립니다. 2020년 말에는 배럴당 35달러 하던 것이 1년도 안 돼서 72달러를 찍고 있습니다. 뿐만 아니라, 2020년 3월 팬데믹이 처음 닥치고 전 세계 공항과 항만이 폐쇄되었던 상황에서는 잠시 마이너스 값을 보이기도 했죠. 당시 친구들 카톡방에서는 "빈 유조선과 유류고만 확보할 수 있다면 지금이야말로 큰돈을 벌 기회가 아니냐?" 하는 우스갯소리들이 오가기도 했습니다.

그런데 실제로 변동성이 심한 기름값의 움직임을 예측하고 투자하는 데도 위성사진이 유용하게 쓰입니다. 특히 중국의 유류고 사진들이 중요하다고 합니다. 사진을 보고 유가를 예측한다니, 이게 무슨 말일까요?

중국은 전 세계에서 경제 규모로는 2위인 데다, 여전히 급속도로 성장하고 있는 나라입니다. 당연히 기름을 엄청나게 많이 쓰는 원유시장의 큰손이죠. 그래서 이들이 얼마만큼 원유를 비축해두었는지를 알 수 있으면, 앞으로 시장의 수요와 공급이 어떻게 달라질지도 보인다는 것입니다. 지피지기면 백전불태라고 했죠? 그래서 위성으로 중국의 유류고 사진들을 찍어서 판독한다고 합니다.

"아니, 그런데 그거 기름탱크 사진 찍어 봐야 지붕밖에 더 보여요?" 그런데 아닙니다. 유류고는 원기둥 형태로 뚜껑 역할을 하는 지붕이 기름 위에 떠서 오르내립니다. 원유는 온도에 따라 팽창과 수축을 많이 하기 때문에 완전히 밀폐시켜 놓으면 터질 수도 있거든요. 그래서 유류고의 지붕이 늘 기름 표면에 떠 있고, 그러다 보니 햇빛이 비치면 그림자가 생깁니다. 그림자가 보이면 뚜껑이 내려간 것이고 그림자가 없으면 꽉 찼다는 뜻이겠죠. 이걸 위성사진으로 보고 중국의 원유 비축량을 가늠해본다는 것입니다.

공학에서 쓰는 이미지 프로세싱 기술을 조금만 활용하면, 이런 사진을 판독해 금방 보유량이 추정됩니다. 중국은 아직 공산당이 집권하는 나라여서 원유 비축량뿐 아니라 자국의 전략과 관계된 어떤 정보도 공개하지 않습니다. 하지만 인공위성 사진을 분석해 파악하는 것까지 막을 수는 없겠죠. '손바닥으로 하늘을 가릴 수는 없다'는 말이 여기서도 적용되는 것 같습니다.

상품시장, 위험관리,
보험업에서 활약하는 위성사진

▷ 또 어떤 분야에 위성사진을 활용할 수 있을까요? 군사적 목적이나 유가 예측 말고도 부동산 관련 의사결정이나, 농산물 작황을 파악하는 데도 쓰이죠. 예를 들어 농작물 작황이 좋은지 나쁜지를 미리 알면 쌀, 밀, 옥수수, 커피 등의 원자재 시장에서 발 빠르게 대처할 수도 있겠죠. 그게 뭐 그리 대수냐고 가볍게 여기면 안 됩니다.

위성이 정지 궤도에 있거나 매년 특정 시점에 동일한 지점을 촬영한다면, 그 이미지 데이터들을 모아 해마다 작황이 어떠할지를 판단할 수 있습니다. 올해 풍년일지 흉년일지가 딱 보인다는 뜻이죠. 그러한 정보를 가지고 상품, 선물 시장에서 트레이드합니다. 물론 드론을 띄워 촬영하는 것도 가능합니다만, 위성사진의 장점은 일정한 시각과 동일한 위치에서 정확하게 반복 촬영을 할 수 있다는 것입니다.

지구온난화로 인해 폭우나 폭설, 폭염, 혹한 등 날씨 패턴이 점점 너 불규칙해지고 있습니다. 병충해의 정도도 해마다 다르고요. 농산물의 작황에 대한 정보는 먹고사는 문제와 직결되고, 국제 농산물 시장에서 투자를 제대로 해놓아야 물량 확보도 무사히 잘할 수 있습니다.

위성사진으로 항공기가 얼마나 활발하게 움직이는지도 실시간으로 모니터링 할 수 있습니다. 이런 데이터를 바탕으로 항공사나 여행사의 주가 예측을 하기도 합니다. 항공기 트래픽 현황도는 위성사진은 아니 지만, GPS를 달고 움직이는 항공시스템이 인공위성에 의존하기 때문에 참고할 만한 자료입니다.

갈수록 기상이변이 심해지고, 최악의 대형 산불도 자주 일어납니다. 얼마 전에도 캘리포니아 북부, 호주 등지에서 엄청난 인명, 재산 피해를 준 산불이 났었죠. 그런데 그런 재해가 발생하면 필연적으로 보험업이 타격을 받습니다. 어떻게 피해 규모를 파악하고, 자금을 확보할 것인가 혹은 앞으로 보험계약을 할 때 보험요율 산정에 변화한 재난위험을 어떻게 반영할 것인가 등이 큰 관심거리입니다. 이때 필요한 것 역시 위성사진입니다.

2013년경 제가 싱가포르에서 살 때, 미세먼지로 몇 달간 극심하게 고생한 적이 있었습니다. 초미세먼지 농도가 $300\mu g/m^3$까지 올라갔죠. 원인은 이웃 나라 인도네시아의 열대우림에서 화전민들이 팜나무를 불태웠기 때문입니다. 비록 바다 건너라고 하지만, 그 거리가 서울 한강의 2~3배 정도밖에 안 됩니다. 그리고 불타는 팜나무 농장의 규모가 우리나라 남한 면적의 2/3 정도였던 것으로 기억합니다.

당혹스러웠던 것은, 그 농장들의 주된 고객이 대부분 싱가포르 소비재 기업들이었다는 겁니다. 그래서 사람들이 대대적으로 불매운동도하고, 정부 차원에서 항의도 하고, 협조도 구하고, 몇 달간 꺼지지 않는불을 진화하기 위해 심지어 싱가포르 군인들까지 인도네시아에 보냈던 것으로 기억합니다. 그 후로 많은 노력으로 가능한 한 열대우림을훼손하지 않는 농법으로 바꿔 상황이 좀 개선되었다고 합니다.

경제적인 개발과 함께 자연이 훼손되고, 그 결과 인간이 곤경에 처하는 상황이 빈발하고 있습니다. 대표적인 것이 아마존 열대우림의 훼손이죠. 지구 전체 산소의 20%를 생산한다는 아마존의 열대우림인데 그게 불탄다는 것입니다. 약 2만 5,000명으로 추산되는 광산개발업자들이 엄청난 규모로 열대우림을 계속 태우고 있습니다. 엄청난 규모의 노천 철광에서 금, 니켈, 망간, 알루미늄 등을 채굴하기 위해서랍니다. 광산개발도 해야겠고, 팜나무도 심어야겠고, 목장도 개간하려니 나무들을 태워버리는 겁니다. 그러다가 EU 등 국제사회의 연이은 비난에 브라질 법원이 이를 금지시켰고, 지금은 정부도 단속한다고 합니다.

하지만 행정부의 수반인 보우소나루 대통령은 트럼프와 난형난제라할 만큼 미치광이로 유명합니다. 코로나 19 바이러스도 "그까이꺼!" 하면서 온갖 쇼를 다 하다가 본인도 확진 판정을 받은 바 있죠. 그런 대통령이 자국 경제개발을 위한 것이니, 광산개발을 하든 뭘 하든 "너희 외국은 참견 말라"고 했습니다. 그러니 아무리 단속을 한다 해도 업자들은 계속 광산을 파기 위해 숲을 태우겠죠.

ESG 잘하려면 위성사진을 보라고?

▷ 예전과 달리 돈줄을 쥔 뱅커들이 환경보존에 눈을 돌리기 시작했습니다. 어떤 사업을 하든 자금조달이 중요하고 돈줄을 쥔 사람들에게 어필해야 하는데, 뱅커들이 감시, 감독을 한다면 열대우림이 망가지는 것을 막을 수도 있지 않을까요? 예를 들면 은행이 대규모로 농업을 하시는 분한테 융자를 해주면서, 이분들이 숲을 해치지는 않는지 위성사진을 통해서 감시할 수 있다는 겁니다. 이를 통해서 지속가능한 경제개발의 균형점을 맞춰갈 수 있다는 것이죠.

최근에 네덜란드의 자산운용사 로베코Robeco, 악티암, NNIP의 투자활동을 보면 돈을 받은 회사들이 팜나무와 고무나무 등 열대우림을 파괴하지 않는지 제3자 기관으로부터 계속 리포트를 받고 있습니다. 지속가능한 개발을 하도록 유도하는 것이죠. 이런 활동에도 위성사진이 활약할 수 있습니다.

한 가지 더 있습니다. 위성사진 데이터로 격오지나 산간지의 농촌을 도울 수도 있습니다. 사람들이 핀테크에 거는 희망 중 하나는 이전에 금융서비스를 받지 못하던 격오지, 산간지 농어민들에 대한 서비스 제공입니다. 특히 인류의 폭발적인 인구성장을 생각하면 앞으로 2050년까지 20억 명이 더 태어날 것이고, 반면 지구온난화로 농경지는 부족해질 테죠. 이럴수록 소규모 농어민들의 활동을 지원해주는 금융이 더 필요해지는데, 전 세계적으로 소규모 농민들이 필요로 하는 운전자금이나 대출금은 1,800억 달러, 한화 약 210조 원 규모라고 합니다.

그리고 소규모 농어민 중 31%는 융자를 받기 위한 어떠한 금융활동의 기록도 없다고 합니다. 예를 들면 무슨 공과금을 제때 냈다거나 신용카드를 쓰면서 제때 갚았다거나 하는 기록이 있어야 대출도 받을 텐데, 신용점수 자체가 없다는 것입니다. 이런 경우 이분들이 경작하는 논밭에 대한 위성사진을 가지고 있으면 "아, 이분이 제대로 일해서 돈을 갚겠구나" 혹은 "올해는 작황이 흉작이구나" 하는 것을 추산할 수 있다는 말입니다.

영국 라보뱅크Rabo Bank와 네덜란드 바게닝겐 대학은 2017년 산학협동으로 에티오피아에서 보리와 밀을 재배하는 소규모 농민들에게 융자를 해주기 위한 인공위성 모니터링 시스템을 시험 가동했다고 합니다. 그들이 개발한 스마트 기후 디지털 농업금융 기술의 분석 원리는 생각보다 단순합니다. 작물이 자라면서 햇빛의 스펙트럼 중에 붉은색

부분을 흡수하고, 근적외선은 반사한다고 합니다. 반면 맨땅과 물은 태양광을 반사하는 패턴이 다르다고 하죠. 이 차이를 인공위성이 잡아내서 작물이 얼마나 잘 자라는지를 실시간 모니터링하고, 그 데이터를 은행에 보고합니다.

사실 은행에서 신용등급을 매기고 그에 따라 이자율을 높이거나 더 까다로운 조건을 다는 이유는 채무자가 제대로 상환할지에 대한 신용 리스크를 제대로 반영하기 위한 것입니다. 특히 감시, 감독이 없는 상황이 걱정되기 때문에 그런 겁니다. 그런데 인공위성이 들어서서 적절한 감시, 감독의 역할을 해주면 그만큼 신용위험도 줄어들고 이자율도 낮아져 자금조달에 숨통이 트이는 거죠.

비슷한 움직임이 우간다와 미얀마에서도 있었습니다. 2018년 세계은행이 국제적 빈곤층 퇴치를 목표로 극빈층 대상 금융 서비스에 대한 연구를 시작했습니다. 이를 위해 만든 빈곤층을 위한 금융자문그룹 CGAP^{Consultative Group to Assist the Poor}는 하베스팅^{Harvesting}이라는 핀테크 회사와 협력해 우간다 서민 금융기관인 프라이드마이크로파이낸스^{PRIDE Microfinance}와 함께 인공위성 사진에 기반한 농민 금융을 시도했습니다.

홍수, 쓰나미, 산불… 보험업에서 중요한 위성사진

가왕 조용필의 감동적인 명곡 '킬리만자로의 표범'이란 곡을 다들 아실 겁니다. 그런데 킬리만자로가 어디 있는지 아시나요? 킬리만자로는 아프리카 동쪽 탄자니아에 있는 5,895m 높이의 '하얀 산'이라는 뜻의 명산입니다. 안타깝게도 요즘 거기에 눈이 거의 없어졌다고 합니다. 지구온난화로 이 산에 만년설과 빙하의 90%가 사라졌답니다. 알프스도, 시베리아도, 북극도, 남극도, 빙하들이 녹다 보니 결국 바닷물이 늘어나고, 지구 전체의 해수면이 상승합니다. 그런데 그 해수면 상승이 얌전하게, 천천히 일어나더라도 바다 근처 곡창지대는 물론 사람들이 모여 사는 도시까지 벌써 큰 타격을 받고 있습니다.

게다가 홍수, 쓰나미와 함께 오니 더 큰 문제죠. 2021년에도 독일을 비롯한 유럽에 1,000년 만에 가장 강력한 홍수가 덮쳐서 물난리가 났습니다. 앞에서 말했지만, 자연재해는 곧 보험사의 부담입니다. 물론 애초에 기후변화가 일어나지 않도록 막는 것이 가장 중요했겠지만, 지금 당장은 이미 벌어진 재난을 수습하는 게 급합니다. 이럴 때도 신속하게 손해액을 대략적으로라도 산정하는 데 인공위성 사진이 중요한 역할을 합니다.

MUIIS^{Market-led, User-owned ICT4Ag-enabled Information Services}이라는 프로젝트가 있습니다. 간단히 '시장 친화적이고, 사용자가 소유하는 ICT 기반 농업 정보 서비스'의 약자입니다. 이것 역시 동아프리카 우간다에서 인공위성 사진기술을 동원해서 농민들을 대상으로 보험과 융자 서비스를 도와주는 프로젝트입니다. 네덜란드 외무부 산하에 식량 자원과 수자원 관련 프로그램으로, 네덜란드 항공우주국의 도움을 받는 G4AW^{Geodata for Agriculture and Water}의 프로젝트라고 합니다. 우간다의 이웃 나라 말리에도 가뭄에 대비한 비슷한 프로젝트로 'SUM-아프리카 SUM-Africa'가 있습니다.

네덜란드의 수자원 관리 연구소인 델타레스Deltares는 해수면의 상승과 하강을 구글어스의 위성사진을 통해 과거 30년 전과 비교, 분석해 무료로 제공합니다. 여기서 제공하는 위성사진 물 데이디가 침수피해 추정에 큰 도움이 된다고 합니다. 뜻밖에 네덜란드가 이런 활동들에 적극적인데요. 지질학적으로 해수면보다 낮은 자신들의 국토 환경 때문에 경각심도 더 많아서 그런 것이 아닌가 싶습니다.

위성사진에도 딥페이크가 있다

그런데 여기에도 한 가지 주의할 점이 있습니다. 위성사진 판독에도 정보가 조작될 수 있다고 합니다. 딥페이크 기술을 이런 곳에 써먹는 경우입니다. 딥페이크란, 동영상 속에 실제로 행동하는 사람은 따로 있는데 얼굴만 유명 연예인의 것으로 바꿔서 감쪽같이 그 연예인이 행동하는 것처럼 만드는 것입니다. 얼마 전에 일론 머스크의 얼굴로 갖은 패러디 영상들이 만들어지기도 했죠. 이런 기술을 위성사진에 적용한답니다. 위성 카메라를 해킹해 마치 지금 아무런 일도 없는 것처럼 조작할 수도 있고, 군사작전을 위한 사진을 찍는다 치면 전혀 엉뚱한 시설이 있거나 없는 것으로 바꿀 수도 있다는 것입니다.

그런 조작된 사진들은 아마추어들이 판독하기는 대단히 어려운 것이고, 만약 포병이나 미사일 부대가 작전을 수행해야 할 목표지점에 대한 위성사진을 딥페이크로 엉뚱하게 조작하면 큰 낭패를 볼 것입니다. 그런 만큼 여러 다른 위성에서의 사진들을 골고루 봐야 할지도 모르겠습니다. 기술 진보와의 숨바꼭질은 역시 끝이 없습니다.

이처럼 전에 없던 비정형 데이터를 '얼터너티브 데이터'라고 합니다. 헤지펀드나 각종 기관도 이러한 데이터를 사서 자신들의 예측에 활용하는 사례가 급증하고 있습니다. 그림에서 보듯이 얼터너티브 데이터를 제공하는 회사들 개수도 2000년 이래로 폭증했고, 펀드 회사들이 이런 데이터에 투자하는 액수도 지난 5년간 7배 이상 높아졌습니다.

앞에서 잠깐 소개해드린 가왕 조용필의 명곡 '킬리만자로의 표범'은 21세기가 간절히 나를 원한다 며 끝이 나는데요, 그를 간절히 원했던 21세기가 된 지도 21년이 지났습니다. 사실 21세기의 지구는 우리의 진정성 있는 협력을 원하는 것 같습니다. 모든 나라가 자국 이기주의적인 경제개발로 인해 기후변화가 심해졌고 먼 훗날 종말론으로 생각했던 해수면 상승과 각종 자연재해가 우리를 덮치고 있지요. 이런 상황을 지금이라도 해결하기 위해서 힘을 모으는 데 핀테크와 얼터너티브 데이터가 어벤져스처럼 힘을 발휘하며 잘 쓰이기를 바랍니다.

팝 음악도 주가에 영향을 미친다

▷ 가왕 얘기가 나와서 말인데요, 음악은 만국 공통의 언어라고 합니다. 스포츠도 만국 공통이지만 월드컵 본선 진출은 아무 나라나 하는 것이 아니죠. 그리고 음악은 누구나 거의 매일 듣지만, 월드컵은 4년에 한 번 열립니다. 음악이야말로 감정을 잘 표현하며 듣는 사람의 공감을 자아내는데요. 그럼 음악적 감성이 주가에 영향을 주는 것은 가능할까요? 경제학 이론으로는 순전히 감정이고 정보가 아닌 이상 답은 뻔하죠. "영향을 줘서는 안 된다"고 합니다. 그런데, 정말 그럴까요?

스포츠 센치멘트 논문으로 스타가 됐던 런던 비즈니스 스쿨의 천재 교수인 알렉스 에드먼즈가 2021년에는 음악적 센치멘트에 관한 논문을 〈JFE$^{Journal\ of\ Financial\ Eocnomics}$〉에 게재하며 또 한 번 대박을 냈습니다. 그는 40개국의 스포티파이 빅데이터를 분석했습니다. 스포티파이는 2006년 스웨덴에서 시작한 세계 최대 음원 플랫폼입니다. 전 세계 거의 모든 메이저 음반회사와 계약해 7,000만 곡의 음원이 있다고 하죠. 뉴욕 증시에도 상장돼 있습니다.

에드먼즈 교수는 5만 8,000곡에 대한 5,000억 번의 스트리밍 기록을 분석했습니다. 스포티파이는 MIT의 미디어랩에서 출발한 '에코 네스트$^{Echo\ Nest}$'라는 음악 데이터 분석 회사를 인수했는데, 자사에서 구축해온 '베일런스^{valence}(감성지수)'라는 것을 음악적 긍정성의 측도, 즉 감성의 측도로 씁니다. 0(침울함)부터 1(개방정 발랄함)까지의 값을 가집니다. 각국에서 매일 가장 인기 있는 200곡의 밸러스 값 평균을 구하고, 그 값과 주가의 변화를 연동해 분석해보았습니다.

분석결과를 보니 디지털 음악 감성지수가 1 표준편차 높아지면 그 주에 주가지수가 0.08% 올라가고, 바로 다음 한 주 동안은 내려가서 원상복귀 한다고 합니다. 빠른 음악이 유행하는 기간에는 주가도 단기적인 오버리액션이 일어났는데, 이것 역시 경제적 펀더멘털에 의한 것이 아니라 감정변화에 따른 움직임이라서 복귀했다는 것입니다. 이를 통한 퀀트 투자도 한번 생각해볼 만하겠죠.

그리고 역으로 생각하면 내가 주식을 사는 것 역시 지금 신나는 음악을 듣고 있어서, 혼자 신나서 실수하는 것은 아닌지 돌아봐야 한다는 것입니다. 사람의 실수를 최소화시켜주는 것이 핀테크 서비스의 목표라면, 투자자들에게 이런 것을 알려줄 필요도 있을 것입니다. 일부러

차분한 배경 음악을 틀어주는 것도 좋겠죠.

물론, 사람들이 경제적으로 먹고살 만하니까 신나는 음악도 듣고, 혹은 반대로 경제가 망가져서 못살고 힘드니까 우울한 음악도 듣는 것 아니냐고 반문할 수 있습니다. 하지만 경기순환은 장기적인 얘기이고, 단기적으로는 장례식장에 다녀온 사람들은 엄숙한 노래를 들을 것이고, 생일파티에 갔다 온 사람들은 빠른 노래를 듣겠죠. 기분이 너무 처지는 날에는 일부러 좀 신나는 음악을 듣고, 기분이 너무 고조되어 있으면 가라앉히기 위해서 느린 음악을 들을 수도 있습니다. 하지만 에드먼즈 교수팀이 확인해본 결과 그렇지는 않답니다. 누구나 알다시피 햇빛이 쨍쨍하면 기분 좋은데, 그럴 때 빠른 음악을 듣더랍니다. 그뿐 아니라 코로나 19 팬데믹 와중에도 사회적 거리 두기 단계가 완화될수록 신나는 노래를 더 많이 듣더라는 거죠.

개인적으로 에드먼즈 교수의 연구에서 한 가지 아쉬운 것이 있다면 한국이 빠져 있다는 것입니다. '강남스타일' 이래 블랙핑크나 BTS 등 최근에 글로벌한 영향력을 끼치는 K팝의 진원지인 대한민국을 빼다니요. 그리고 특히 아시아에서 음주가무에 탁월한 민족으로 특히 인정받는 한국이 빠져서 영 석연치 않습니다. 에드먼즈 교수가 분석한 데이터가 2017~2020년인데, 우리나라에서는 스포티파이 서비스가 2021년 2월부터 시작된 탓이겠죠.

미국 증권감독위원회의
쉬운 영어 쓰기 권고사항

▷ 미국 증권감독원은 1998년 미국 내 모든 회사의 재무담당자들에게 감사보고서를 쓸 때 참고하라며 〈쉬운 영어 가이드Plain English Guidance〉를 주었습니다. 증권시장은 실시간으로 숨 가쁘게 돌아가고 전 세계 투자자들은 촌각을 다투면서 당신네 회사에 대해 이해해야 하는데, 당신이 현학적인 표현으로 보고서를 쓰면 결국 투자자들이 외면한다는 것이 주요 내용입니다. 거기에 나온 몇 가지 가이드를 소개합니다. 영어공부뿐만 아니라 우리나라 회사들이 영어로 공시할 때도 꼭 알아두어야 할 내용입니다.

1. 능동태를 써라. 수동태 제발 좀 쓰지 마라!

2. 짧은 단어를 써라. 긴 단어는 버려라.

3. 짧은 문장을 써라. 만연체 아웃!

4. 1, 2인칭으로 써라. 3인칭 쓰면 '강 건너 불 보듯' 하는 느낌이라 감이 안 온다.

5. 도표를 써라. 이는 쓰는 당신부터 확실하게 구조와 개념이 서 있다는 것을 보여주고, 보는 사람도 한눈에 알 수 있다.

6. 법률 용어는 될 수 있는 한 쓰지 마라.

7. 이중 부정 쓰지 마라. 헷갈린다. '아닌 게 아니'라고 쓰지 말고 기면 기다, 아니면 아니다를 한 번에 알아듣게 써라.

추가로, 제 주변의 현직 애널리스트, 컨설턴트들은 모든 에세이를 무조건 두괄식으로 쓰라고 조언합니다. 맨 처음에 결론부터 쓰라는 뜻입니다. 읽는 사람은 극도로 바쁘기 때문에 그의 편의를 생각해주라는 것입니다. 결론을 마지막에 제시하는 미괄식이야말로 중고등학교 국어 시간에 절대 배우지 말았어야 할 작문 형태입니다만, 덕분에(?) 학생들은 각종 시험이나 입사 과정에서 자소서를 미괄식으로 써서 탈락하곤 합니다. 그러고도 자기가 왜 탈락해야 했는지도 모른 채 1년 더 헛수고하여 또 미괄식으로 써서 또 떨어집니다. 독자에 대한 배려가 없으니 당연하죠.

위에서 거론한 1부터 7까지는 텍스트 마이닝으로 얼마든지 잡아낼 수 있습니다. 그렇게 해서 얼마나 쉬운 영어를 쓰는지를 숫자화합니다. 러프란Loughran과 맥도날드McDonald 교수팀은 1994~2009년까지 미국 상장회사들의 감사보고서와 IPO, 사업설명서 등 수만 건의 문서들을 수집해 텍스트 분석을 해보았습니다. 역시 1998년 이후로 읽기가 더 쉬워졌고, 특히 기업 지배 구조가 강한 회사들이 SEC의 권고사항을 잘 받아들였습니다.

코넬 대학의 황병현 교수와 사우스캐롤라이나 대학의 김회광 교수 팀의 연구에 의하면 미국에서 폐쇄형 뮤추얼펀드가 상장할 때에도 사업 계획서에 쉬운 영어를 쓰지 않고 자꾸 수동태를 쓰거나, 문법적 실수를 많이 하면 그런 펀드들은 저평가되었습니다.[15]

트럼프 제1의 성공요인은 쉽게 말하기

트럼프 전 대통령이 2016년 선거에서 유력 후보로 거론되던 예일대 출신의 변호사, 힐러리 클린턴을 이깁니다. 여러 성공 요인 가운데 제가 지적하고 싶은 것은 쉬운 영어입니다. 그가 하는 말은 삼척동자도 알아들을 정도로 단순합니다. 쉽고 짧은 단어들을 또박또박 천천히 얘기합니다. 물론 그게 인종차별 등 나쁜 뜻을 담아 화가 나기도 하지만, 미국의 대다수 백인 기저층에게는 팍팍 꽂히죠. 힐러리는 엘리트들의 현학적인 언어를 지나치게 쓴 탓에 인심을 잃었습니다. 기업도 마찬가지입니다. 투자자들이 빨리 알아듣도록 하는 게 중요합니다. 빅데이터로 테스트해보니 그것이 주가에 나타났습니다.

어떤 형태로든 외국에서 학교를 다녀본 분들은 느낀 적 있을 것입니다. 중고등학교 때에 배웠던 온갖 수동태와 제법 멋져 보이는 단어들을 잔뜩 써서 말했는데, 미국 애들이나 교수님들이 못 알아듣는 상황이요. 반면 미국 애들은 똑같은 말도 아주 쉬운 몇 단어로 얘기하는데 서로 기가 막히게 알아듣습니다. '아냐, 내 발음이 잘못됐나!' 하면서 자신의 된장국 발음을 그렇게 한탄하죠. 그런데 엉터리 발음으로 치면 둘째가 라면 서러울 인도 계통 유학생들의 경우는 오히려 미국 교수들이 잘 알아듣습니다. 한국 유학생들로서는 기가 막힐 노릇이죠! 심지어는 자기 자식들을 낳아서는 발음 잘 굴리라고 혀에 설소대 수술이란 것을 해주고 난리를 치기까지 합니다만, 소용이 없죠.

해법은 따로 있었습니다. 바로 능동태에 쉬운 단어만 쓰면 되는 것이었습니다. 거기다가 자신감 있게 배에서 나오는 진성으로 크게 말하면 충분합니다. SEC의 권고사항처럼, 수동태는 미국 애들도 잘 알아듣지 못합니다. 그걸 외국인인 우리가 말하면 더더욱 못 알아듣겠죠. "~가 되어진다" 같이 우리 언어 체계에도 없는 수동태를 억지로 써야 할 이유가 전혀 없습니다.

이렇게 쉬운 영어를 쓰나 안 쓰냐는 한국 사람들 같은 외국인들에게는 실질적으로 가장 치명적인 언어장벽이 됩니다. 그러면 삼성전자나 쿠팡 같은 기업이 미국에 상장할 때도 주가가 이런 언어장벽 때문에 다르게 평가받는 일도 있지 않을까요? 물론 2021년에 상장한 쿠팡이야 김범석 CEO부터 경영진이 죄다 미국인이거나 네이티브급이기 때문에 언어장벽이랄 게 없었습니다만, 수십 년 전에 미국 시장에 상장했던 삼성전자나 우리나라의 글로벌 기업 입장에서는 한번 곱씹어볼 문제겠죠?

한국인 최초로 하버드 경영대 교수로 일했던 유고은 교수와 프랑소아 브로셰Francois Brochet 교수팀이 바로 이런 질문에 답하는 논문을 썼습니다. 그들의 2016년 TAR^{The Accauating Review} 논문을 보면 미국에 상장한 외국 기업들이 2002~2010년까지 애널리스트들과 행한 컨퍼런스콜 트랜스크립트 1만 1,740건을 분석합니다. 그 결과 영어 보고서를 읽기 쉽게 쓴 회사들이 주식시장에서 제값을 받더라는 것을 발견했습니다.

개미가 뭉쳐서 공매도자를

때려잡는 시대

공매도^{空賣渡}인가? 공매도^{恐賣渡}인가?

▷ 여러분이 연예인이 아니어도 악플 세례를 얼큰하게 받을 수 있는 확실한 방법이 하나 있습니다. "공매도자들은 시장의 효율을 위해서 반드시 필요한, 필요악적인 존재다"라는 기사를 여러분 이름으로 신문에 내는 겁니다. 아니면 유튜브에 동영상으로 올리고 해시태그 '#공매도 #효율성 #필요해'를 붙여도 아마 사람들이 벌떼처럼 달려들 것입니다. 실제로 제 동료, 선후배 재무학 교수님들에게 언론의 인터뷰 요청 중 가장 당혹스러운 주제가 공매도입니다.

학자적 양심을 걸고 맞는 소리를 하면 기사가 인터넷에 올라가자마자 심장이 쫄깃해지는 댓글들이 수두룩하게 달립니다. 제 유튜브의 공짜 강의 시리즈에도 가장 조회수가 많고, 댓글도 많이 달린 것이 바로 공매도 관련 영상입니다. 아마 이 책에서도 독자 여러분들이 이 공매도 부분을 가장 집중해서 읽지 않을까 짐작해봅니다.

강심장이 아닌 다음에야 공매도 얘기는 쓰기가 참 조심스럽습니다. 하지만 행동재무에서도 공매도는 너무나 핵심적인 개념이고, 특히 2021년 공매도자들과 관련해 세계 금융사에 길이 남을 사건이 벌어지기도 했기 때문에, 또 이것이 '로빈후드'라는 핀테크 앱과도 관련이 있으니 안 쓸 수가 없죠.

공매도空賣渡가 뭔데 이렇게 난리일까요? 앞에 있는 '빌 공空' 자로 유추할 수 있듯이, 아무 주식도 없는 상황에서 그 주식을 남에게 빌려서 팔고, 나중에 그 주식을 사서 갚아주는 거래를 말합니다. 그런데 흔히 신문기사에서 오가는 얘기들을 보면 '두려울 공恐'을 쓴 공매도恐賣渡인가 하는 느낌을 받습니다. 마치 선량한 기업의 주가를 불의하게 떨어뜨려서 열심히 일하는 경영진이나 종업원들 그리고 개미 투자자들을 불행해지게 만듦으로써 한몫 챙기는 아주 흉악하고 공포스러운 존재로 그려지죠. 어떻게 해서 그런 인식이 굳어졌을까요? 그리고 그들이 정말 나쁜 짓만 하는지, 개미들은 털리기만 하는지 알아보겠습니다.

수소 트럭 니콜라와 힌덴부르크 리서치

2020년 중반에 미국 나스닥에 혜성같이 등장한 회사가 있었습니다. 숭어가 뛰니 망둥이도 뛴다고, 일론 머스크가 테슬라로 인기를 끄니 트레버 밀튼Trevor Milton이라는 듣보 벤처 사업가가 니콜라Nikola라는 수소 트럭 회사를 들고나옵니다. 아시다시피 160여 년 전에 태어난 세르비아의 천재 전기공학자 테슬라의 성은 테슬라고, 이름은 니콜라죠? 니콜라라고 하니 왠지 테슬라의 자매품 느낌을 줍니다.

니콜라는 2014년에 창업한 회사인데, 실제 차를 생산하지 않으면서 수소차라는 아이디어만 가지고 창업한 경우입니다. 현대차나 일본의 완성차 업체들은 수소 승용차를 구상했지만, 니콜라는 스케일도 남다르게 트럭을 만들겠다고 했습니다. 2019년에는 애리조나에 땅을 사고, 2020년에 공장을 짓겠다고도 발표했죠. 그래서 2023년이면 3만 5,000~5만 대의 트럭을 만들어 팔 거라고 했습니다. 그러면서 2019년 4월 데모 데이, 예비 투자자에게 사업모델을 공개하는 날에 콘셉트 트럭들을 전시하고 쇼를 합니다. 트럭이 달리는 모습을 보여주며 수소로 가는 자신들의 친환경 트럭이 얼마나 멋진지 화려한 광고영상으로 제작해서 배포합니다.

2020년 3월이 되자 니콜라는 주식시장에 '우회상장'을 하겠다고 발표합니다. 바로 벡토아이큐VectoIQ라는 기업인수목적회사 SPACSpecial Purpose Acquisition Company에 6월에 인수되는 형식으로 주식시장에서 트레이딩이 되도록 하겠다는 것입니다.

SPAC은 한국에서도 대단한 인기 있는 주식의 형태입니다. 오로지 비상장기업을 인수합병할 목적으로 만든 서류상의 페이퍼컴퍼니죠. 증권사가 신주를 먼저 발행해서 공모 자금을 모으고, 주식시장에 IPO를 한 뒤에 정해진 기간 이내에 비상장기업을 인수하는 겁니다. 우리가 흔히 아는 우회상장과 비슷하지만 그것보다는 투명하게 정보를 공개한다는 점, 미리 스팩 공모를 통해서 합병 자금을 조달한다는 점이 다릅니다.

상장하는 회사 입장에서는 생짜로 IPO를 하려면 엄격한 상장 요건 심사를 거쳐야 하는데 그걸 우회할 수 있어서 편리합니다. 또 절차도 간단해서 비용이 덜 들어간다는 장점이 있습니다. 그러나 투자자 입장에서는 조심해야 합니다. 심사를 안 거쳤다는 것은 인수되려는 회사가 헐렁한 사기일 가능성도 크다는 의미이기 때문입니다. 또한 대개 SPAC가 처음 상장될 때는 적절한 합병대상을 찾을지 못 찾을지 확률이 절반 정도에 불과해 인수 후에도 불확실성이 높다는 단점이 있습니다.

좌우간 그렇게 해서 6월부터 이 회사의 주식이 NKLA라는 종목 코드로 트레이딩되기 시작합니다. 최고일 때는 주당 73달러씩 받으면서 시가총액이 291억 달러, 약 35조 원까지 치솟기도 했습니다. 아직 차를 한 대도 안 만들어본 회사가, 그저 계획만 발표한 회사가 포드 자동차의 시가총액을 넘을 정도였습니다. 그야말로 인기가 하늘을 찌른 것이죠. 이쯤 되면 사실 버블을 의심하고 조심해야 하지만, 그게 그렇게 되지 않으니까 광기라고 하죠. 사람들이 관심을 보이며 몰려들자 이제는 회사가 "줄을 서시오! 줄을!" 하는 상황이 됩니다. 심지어 2020년 6월 말에는 시제품도 없는 상황에서 '배저Badger'라는 픽업 트럭을 예약을 받았습니다. 그것도 선금으로 5,000달러씩 받으면서 말이죠.

2020년 9월 8일, 완성차 업체 중 가장 큰 회사인 GM이 니콜라의 지분 11%를 사들여 전략적 파트너가 됩니다. 이사회 맴버도 파견하고, 배저 생산에 자신들의 공장설비를 쓰도록 해주겠다는 의사도 발표했습니다. 상황이 아주 화기애애했죠.

그런데! 바로 이틀 뒤에 힌덴부르크 리서치^{Hindenburg Research}라는 공매도 전문 증권 분석 리포트로 상황이 180도 바뀝니다. 니콜라의 선전 동영상에 나오는 트럭은 수소가 아니라 '중력의 힘'으로 달리는 것이었다고 폭로했습니다. 즉 모형으로 만든 그럴듯한 트럭을 고속도로 내리막 언덕에서 냅다 밀어서 굴렸다는 것입니다. 그뿐 아니라 수소 생산 비용을 줄였다고 CEO가 말했으나, 실제 수소를 생산한 적도 없다는 것도 고발했죠. 그리고 핵심부품을 사내에서 설계한다고 했으나, 제3자로부터 구입했다는 것도 발각되었고요. 본사 지붕에 태양광 패널을 설치해 에너지를 생산한다고 했지만, 항공사진으로 조사해본 결과 그런 패널이 옥상에 있지도 않았습니다.

힌덴부르크 리서치의 발표와 함께 공매도 물량이 쏟아졌고, 주가는 하루 동안 30% 폭락합니다. 트레버 밀튼은 "주가를 조작하려는 사악한 공매도 세력의 거짓말"이라고 저항했습니다. 그리고 "나는 겁쟁이가 아니다. 맞서 싸울 것이다" 하며 으름장도 놓았죠. 하지만 2주도 안 돼서 그는 회장 자리에서 물러납니다. 그리고 일주일 만에 "그래, 밀어서 굴렸다" 하고 인정했습니다. 그러나 "우리는 동영상 속 트럭이 자신의 추진력으로 간다고 말한 적 없다"며 발뺌합니다. 정말 구차하죠? 광고 영상이 '백문이 불여일견'이 아니라 '눈속임의 도구'가 된 것입니다.

그해 11월이 되자 GM은 전에 발표한 '전략적 파트너' 얘기는 없던 것으로 하겠다고 번복했습니다. GM은 요새 ESG가 핫하니 이미지 쇄신 차원에서 친환경 수소차라니까 허겁지겁 니콜라와 손잡는 척을 한 것뿐이죠. 사실 지금도 ESG를 내세우는 많은 신사업 중에 사기가 얼마나 많을지 잘 살펴봐야 합니다. 팬데믹 위기를 극복한답시고 돈은 찍어냈는데 갈 곳 없는 돈들은 여기저기서 버블을 일으키고, 대세가 ESG다보니 그럴듯한 말로 사기 칠 소재가 얼마나 많습니까? 니콜라 주가는 그 이후로 반토막에 반토박을 거듭해 지금은 9달러 선에서 거래되고 있습니다. 작년 최고점 대비 85% 떨어진 셈입니다.

이후 회사도 여러 조사를 한 뒤, 트레버 역시 2021년 2월 그동안 투자자들에게 잘못 전달한 것들이 많았다고 인정했습니다. 급기야 2021년 7월 29일 미국의 증권감독원과 연방 검찰이 니콜라를 사기 혐의로 기소합니다. 밀턴은 혐의를 부인하는 주장을 했고, 그 직후로 7,600만 달러, 약 900억 원어치의 니콜라 주식을 팔아 현금화했다고 합니다. 지금까지 누적으로 1억 5,300만 달러 정도의 주식을 팔아 현금화했으며, 아직도 6,460만 주를 보유하고 있다고 합니다. 더 떨어지기 전에 부지런히도 파네요. 이제는 투자자를 만나지 않고 유타주 집 근처에서만 머물겠다고 했고, 보석금 1억 달러를 내는 조건으로 풀려나 있습니다.

트레버 밀튼과 힌덴부르크 공매도 리서치, 결국 누가 거짓말을 한 겁니까? 재무학을 전공하는 학생들에게 회사에 대해 종목 추천 보고서를 써보라고 하면 다들 '사자' 추천만 합니다. 왜냐하면 애초에 자기가 좋아 보여서 종목을 찍었고, 그다음부터는 확증편향confirmation bias 때문에 뭐든 좋은 얘기만 모아서 분석 보고서를 쓰거든요. '답정너'라고 하죠. 이미 답은 정해져 있으니, 너는 말만 하라는 식으로 결론에 짜 맞추는 리포트가 나올 수밖에요.

업계 애널리스트들의 상황은 사실 더 심각합니다. 우리나라 애널리스트는 90% 이상이 종목을 사라는 추천서를 씁니다. 팔라는 얘기는 못합니다. 팔라고 추천서를 썼다가는 그 회사에게 무슨 소리를 들을까요? 증권사를 못살게 굴 뿐만 아니라 아예 거래를 끊겠죠. 미국 애널리스트 리포트 역시 80%가 '사자' 추천입니다. 1990년대에 살로먼 브러더스의 한 채권 애널리스트가 트럼프의 카지노 회사 타지마할에 대해서 'SELL' 리포트를 썼습니다. 당장 트럼프가 살로먼을 고소했고, 살로먼은 그 애널리스트를 정리해고하여 상황을 모면했죠. 유명한 일화입니다. 그럼에도 불구하고 '팔자' 추천을 쓰려면 얼마나 철저한 조사를 했을지 그리고 그가 얼마나 강심장인지 짐작이 가죠? 단순히 가격조작을 해서 개미들 등쳐먹으려고 쓰는 게 아니라는 것입니다.

힌덴부르크라는 이름에 얽힌 사연

힌덴부르크라는 증권 리서치 회사의 이름은 나치 독일의 '힌덴부르크 참사Hindenburg Disaster'에서 왔습니다. 올바르게 써야 할 재료를 쓰지 않고 위험한 싸구려 재료를 써서 엄청 부풀린 비행선으로 사람들의 기대를 모았다가 폭망했죠. 인재人災였던 만큼 반면교사로 삼고 다시는 이런 일들이 일어나지 않도록 늘 경계하자는 뜻으로 지은 이름입니다. 포렌식, 범죄방지 재무금융 리서치 회사를 지향하는 목표로 네이트 앤더슨Nate Anderson이라는 사람이 만들었다고 합니다.

'힌덴부르크'는 인류가 날려본 비행물체 중 가장 큰 것이랍니다. 길이가 245m로 보잉 747기의 세 배가 넘으며, 1911년 가라앉은 여객선

타이타닉 호보다는 24m 짧습니다. 기구처럼 가벼운 기체를 넣고 그 부력으로 떠서 좌우에 있는 프로펠러로 추진하는 비행선을 체펠린^{Zeppelin}이라고 하죠. 이런 비행선이 20세기 초부터 독일, 유럽, 미국에서 유행했는데, 1937년 나치 독일이 자기들의 기술력을 자랑하고 체제를 선전하려 만든 비행선들 중 가장 큰 것이 바로 힌덴부르크였습니다. 이는 1925~1934년에 대통령을 하면서 히틀러가 총리가 되고 민주공화국을 무너뜨리도록 도와준 파울 폰 힌덴부르크^{Paul von Hindenburg}의 이름을 따왔죠. 이 비행선은 같은 기체에 수소를 가득 채워 서서히 날아다녔고, 극상류층이 독일에서 뉴욕, 브라질 등까지 유람하고 다니면서 나치 체제선전에 이용된 럭셔리 비행선이었습니다.

1937년 독일 프랑크푸르트에서 출발해 대서양을 건넌 이 비행선이 미국 뉴저지의 레이크 허스트 해군항공기지 계류탑에 정박하려던 중에 그만 불이 납니다. 비행선 전체가 전소되고 탑승자 97명 중 35명이 사망했습니다.

화재 원인은 수소 폭발이라고 합니다. 빵빵한 가스 주머니에 수소가 가득 들어 있었는데 그것이 폭발한 것이죠. 원래는 기구처럼 띄우기 위해 안전하고 가벼운 헬륨을 가득 채웠어야 했는데, 미국이 1927년부터 수출 금지를 때려서 헬륨값이 비싸졌던 것입니다. 헬륨 가스를 이용한 비행선으로 군사적 공격을 할까 봐서 막은 거죠. 그래서 꿩 대신 닭이라고 수소를 채웠는데, 수소는 폭발하기 쉽습니다. 정확한 폭발의 원인은 아직도 알려지지 않았지만, 아마도 계류탑으로 오기 전부터도 수소 탱크가 찢어져 수소가 새어 나오면서 정전기 스파크로 폭발한 것이 아닌가 하고 추측하는 사람도 있다고 합니다. 수소가 가연성으로 불탄다는 것은 수소 연료전지를 활용한 수소차의 핵심 아이디어이기도 하니, 힌덴부르크 리서치가 수소 트럭을 표방하는 사기 회사를 저격한 것도 재미있는 우연입니다.

공매도는 시장의 균형추

▷ 힌덴부르크 비행선도, 니콜라 트럭도 수소가 아닌 중력 때문에 아래로 내려왔습니다. 공매도 역시 가격이 과하게 오르지 않도록 밑으로 당기는 추의 역할을 합니다.

여러분이 투자자라면 둘 중 하나입니다. 니콜라 주식을 가지고 있거나 안 가지고 있거나. 자, 이제 여러분이 갑자기 그 회사에 대해 좋은 소식을 들었는데, 아직 그 정보가 가격에 반영이 안 돼 있습니다. 어떻게 하나요? 주식을 가지고 있을 때는 추가 매수를 합니다. 주식을 가지고 있지 않아도 일단 사야겠죠? 반대로 여러분이 갑자기 니콜라에 대한 나쁜 소식을 들었는데, 이것 역시 아직 가격에 반영되지 않았습니다. 어떻게 하죠? 가지고 있는 주식은 얼른 팔아야겠죠? 가격이 더 떨어지기 전에 빨리요. 그렇다면 주식을 가지고 있지 않을 때에는 어떻게 해야 될까요? 그저 남의 일이니 그냥 수수방관합니까? 방관하면 시장이 어떻게 될까요? 다음과 같이 분석해볼 수 있습니다.

해당 주식을 가진 사람들 그룹에서는 좋은 소식에 사고, 나쁜 소식에 팝니다. 그래서 이들 안에서 균형이 유지됩니다. 하지만 해당 주식을 가지고 있지 않은 사람들 그룹에서는 좋은 소식에는 사지만 나쁜 소식에는 수수방관해서 매도 세력이 없게 되고, 균형이 깨집니다. 그렇게 되면 전체적으로 봤을 때, 매수 세력이 매도 세력보다 평균적으로 큽니다. 그래서 가격이 계속 올라갈 수밖에 없고, 그러다 보면 내재가치보다 붕 떠 있는 버블 상태가 됩니다. 그 버블이 영원히 유지되어 천국까지 가면 좋겠는데, 시시때때로 크래시가 터져 버블이 깨지고 결국 장기적으론 내재가치 수준으로 가격이 폭락합니다. 문제는 그 크래시를 먼저 알아채고 발 빠르게 도망가는 투자자들은 정보력이 좋은 기관투자자들이고, 피 보는 쪽은 늘 개미 투자자라는 사실입니다. 그렇다면 주식을 가지고 있지 않은 투자자들 그룹에서 누군가 무게를 잡고 균형추 역할을 해줘야겠죠? 그게 바로 공매도라는 겁니다.

"애당초 주식을 들고 있지도 않은 사람들이 팔려고 들다니, 나쁜 것들 아니냐?"라고 말씀하시는 분도 분명히 있을 것입니다. 그럼 제가 물어봅니다. "애당초 이 기업과 관계도 없는 사람들이 사려고 드는 것도 똑같이 나빠야 하는 것 아닌가요?" 즉, 양쪽 다 필요하다는 겁니다. 공매도의 개념과 순기능, 역기능에 대해서는 공매도 분야의 세계적인 스타 연구자인 서울대 이관휘 교수님의 책《이것이 공매도다》를 강력히 추천합니다. 이 교수님의 연구를 비롯해 많은 국제적 연구들이 공매도를 금지할 경우 주가 변동폭이 더 커져서 개미들에게 더 위험해진다는 것을 거듭거듭 확인합니다.

효율적인 증권시장에서는 수요공급곡선이 X자가 아니라 열 십$^+$ 자로 만나서 가격이 형성됩니다. 어떻게 그런 게 가능하냐? 카카오를 예로 들자면, 일단 단기적으로 주식의 공급량은 발행주식수로 한정돼 있습니다. 그래서 가격이 오르든 내리든 하루이틀 사이에는 총공급량이 변하지 않으니까 수직선이죠. 수요곡선이 왜 우하향하지 않고 수평인가? 특히 펀더멘털의 모든 정보를 반영하는 내재가치와 같은 점에서 교차하는 수평선이 되는가 하는 것이 중요합니다. 이론적으로 이렇게 만들 수 있으려면 가격이 내재가치보다 약간이라도 오를 경우 무제한으로 공매도를 쳐서 가격을 낮추고 원상복귀 시킬 수 있는 어벤져스급의 전능한 공매도자들 혹은 재정거래자들이 있어야 합니다. 또한 가격이 내재가치보다 약간이라도 낮아지면 무제한으로 주식을 사서 가격이 내재가치로 올라붙게 해주는 재정거래자들이 있어야 합니다.

'재정거래자'를 영어로 '아비트라저^{arbitrager}'라고 합니다. 가격이 너무 높으면 공매도를 치고, 가격이 너무 낮으면 사들여서 '싸게 사고 비싸게 판다'를 동시에 진행시키는 투자자들입니다. 이로써 '일물일가의 법칙$^{law of one price}$'이 늘 지켜지죠. 쉽게 말해 똑같은 24K 금 1온스면 뉴욕 시장이든 런던 시장이든 같은 값이어야 한다는 것입니다. 이런 점에서 재정거래자들의 역할은 경제학 이론이 현업에서 구현되도록 하는데 핵심적으로 중요하고, 그 활동 중 하나가 공매도입니다.

공매도자에 대한 흉악한 인식은 왜?

그러면 도대체 이 '좋은' 공매도에 대해 왜 그리 악플을 달까요? 그리고 언론 기사도 왜 그렇게 공매도자를 나쁜 놈들로 매도할까요? 전국민이 거의 미세먼지를 싫어하는 만큼 공매도자를 싫어하는 듯합니다. 왜 악플이 많은지에 대한 연구결과는 아직 없지만, 몇 가지 합리적 추론은 해볼 만합니다.

첫째, 투자자들의 근자감이 심해서 그렇습니다. 오른쪽 그림에서 회사의 내재가치가 빨간 점선과 같이 변함없는 상태로 시간이 간다고 칩시다. 공매도가 자유로우면 A처럼 버블이 생기기 전에 공매도자가 망치질을 탕탕 해줘서 주가가 늘 내재가치 근처에서 약간만 오르내리게 됩니다. 그런데 만약 공매도를 금지시키면 어떻게 되느냐? 날씨로 치면 파랑주의보처럼 주가의 높낮이가 들썩입니다. 물론, 주가는 파도와

공매도 허용 / 금지 시의 주가 변동

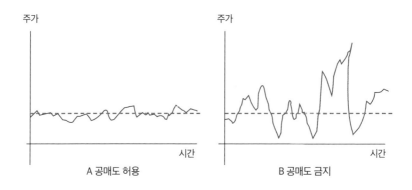

A 공매도 허용   B 공매도 금지

달리 주기가 따로 없이 완전히 랜덤한 움직임을 보이죠. 지나고 나야 거기가 상투 꼭지였구나! 하지 오늘은 여기가 꼭지인지 아닌지 알 수가 없습니다.

그런데 근자감이 높은 사람들의 마음은 다르죠? "너는 이게 상투 꼭지인지 아닌지 모르겠지만, 나는 확실하게 알아!" 합니다. 그런 사람은 B를 더 좋아하겠죠. A는 너무 심심합니다. 본인은 반드시 바닥에서 사고 꼭지에서 잘 팔 것 같으니까요. 한마디로 자기 생각에 자기 자신은 타이밍의 귀재라고 믿는 겁니다. 뭘 믿고 나온 자신감일까요? 여러분, 자신감은 근거가 없어야 제맛입니다! '근자감'이라고 하죠.

그런 분들이 거래를 너무 자주해서 오히려 투자 성적 나쁘더라는 연구결과 말씀드렸죠? 하지만 이런 분들은 특히 주제파악 능력이 부족해서 일단 B처럼 되기를 바라고 공매도 금지를 요구하는 겁니다. "A는 많이 올라가는 것도 없지만, 많이 떨어지는 크래시도 없어서 투자자를 보호할 수 있습니다. 반면 B는 떨어져서 손해 볼 경우 걷잡을 수 없어요." 라고 아무리 말해도 근자감 높은 분들께는 쇠귀에 경 읽기입니다. "아, 그건 내 알 바 아니고. 너나 망하지, 나는 잘할 자신 있거든."

둘째, 기업들의 홍보부서에서 언론사에 언론플레이를 많이 합니다. 그럼 광고주한테 잘 보여야 하는 언론사들 입장에서는 공매도에 대해 나쁘게 써줄 수밖에 없습니다. 왜냐고요? 상장회사 CEO나 최고경영진에게 주는 인센티브를 생각해보면 쉽게 이해가 될 것입니다. 주식이나 스톡옵션을 수백만 주를 줍니다. 열심히 일하라고. 그래서 그들이 똑똑하게 의사결정하면 그런 정보가 바로 반영되어 주가가 올라가겠죠. 그럼 주주도 좋고 CEO도 좋은 상황이 됩니다.

그런데 열심히 일하는 것 말고도 주가를 올리는 방법이 또 있다면요? 아무 일도 안 하고 놀거나, 바보 같은 의사결정을 연거푸 해도 주식에 엄청난 버블이 생겨 몇 배로 올라가는 경우도 있습니다. 그런 마당에 공매도자가 들어서서 주가가 원상복귀하도록 만들면, CEO 입장에서는 '내 손에 들어올 수십, 수백억 원'이 사라지죠. 공매도자가 아무리 정당한 이유로 의문을 제기해도 손실액이 이쯤 되면 CEO 입장에서는 물불 안 가리죠. 입장 바꿔서, 여러분 손에 들어올 이번 달 보너스가 10만 원만 줄어도 혈압이 확 오르는 느낌이 들지 않나요? 그래서 많은 CEO들이 '공매도자와의 전쟁'을 선포하는 겁니다.

언론사 입장에서는 그런 CEO들이 광고주입니다. 그런 분들한테 잘 보이려면 방법은 하나죠. 공매도자들을 악의 축으로 매도하는 것뿐입니다. 목구멍이 포도청이니까요. 참, 공매도자들과의 전쟁을 선포하는 CEO를 개미들을 위해 싸워주는 영웅처럼 떠받들어 주는 기사를 쓰는 방법도 있겠네요! 아마 기업체 홍보부서에서 아르바이트생을 고용해 공매도 옹호 기사에 악플을 달도록 하는 것은 일도 아닐 것입니다. 정치판에서 벌어지는 악플 조작 사례들을 보면 짐작할 수 있죠. 그러니 그런 악플에 휘둘려 금융감독 당국이 "공매도에 대한 국민 여론이 부정적이군. 그럼 공매도 금지!"라고 정치적으로 판단하면 안 되겠죠?

셋째, 사실 공매도자들의 원죄도 있습니다. 대표적인 것이 무차입 공매도 문제입니다. 공매도를 치려거든 먼저 그 주식을 빌렸다는 증거가 있어야 하고, 그다음에 팔아야겠죠? 그걸 차입 공매도라고 합니다. 그런데 빌렸다는 증거도 없이 먼저 매도 주문부터 훅 내는 것을 '무차입 공매도'라고 합니다. 그 경우 시장에 엄청난 교란이 올 수 있어서 무차입 공매도는 금지하는 것이 우리나라와 미국을 비롯한 모든 나라의 법입니다.

그럼에도 불구하고 때때로 무차입 공매도와 비슷한 일이 벌어집니다. 삼성증권이 주당 1,000원을 배당하는 대신 실수로 주주들에게 1,000주씩 줘버려서 1주를 가지고 있던 사람이 1,001주를 가지게 됐고, 그 즉시 900주를 팔았다면 없는 주식을 판 셈이죠. 그러니 무차입 공매도와 다를 게 뭐냐는 것입니다. 또한 주식시장이 워낙 빨리 돌아가다 보니, 우선 파는 주문을 내놓고 다른 증권사에 주식을 빌리는 메시지를 보내는 등 허술한 시스템도 한몫했습니다. 그리고 때때로 정당한 근거 없이 공매도를 친 후에 악소문을 내서 가격이 떨어지기를 기다리는 세력들도 있고요.

그러나 모든 공매도가 그런 것은 아닙니다. 퀀트 투자의 경우, 고평가된 주식들은 일정 부분을 공매도해야 하고, 거기서 나온 현금으로 저평가된 주식을 사는 롱-숏 전략이 보편화돼 있습니다. 또 '업틱 룰up tick rule'이라는 것이 있어서 아무 때나 하는 것이 아니고, 주문을 넣을 때 직전 체결가보다 높은 값으로 공매도 호가를 부르게 돼 있습니다.

기울어진 운동장, 감당할 수 있겠습니까?

▷ 공매도에 대한 불만은 또 있습니다. 기관투자자들은 공매도하기가 쉽지만, 개인투자자들은 절차와 요건이 복잡하고 까다로워 불공평하다는 점이 있지요. 기울어진 운동장이라는 것입니다. 자세한 기술적인 사항들은 투자서로 공부하실 테니, 여기서는 공매도가 개미들로서는 감당하기 힘든 위험한 투자라는 것 정도만 보여드리고자 합니다.

여러분이 코스닥의 이름 없는 소형주 주식, 듣도 보도 못한 '듣보' 주식을 공매도한다고 칩시다. 그 주식은 누가 빌려줄까요? 보통 대여해 줄 의향을 표시하는 투자자들은 보험사나 연기금 등 장기투자로 그 회사 주식을 들고 있는 기관들입니다. 왜냐고요? 연금상품 고객들의 인생주기를 봤을 때 자기네 포트폴리오에 주식을 당장 팔아야 할 필요가 없고 10년씩 들고 있어야 하거든요. 어차피 주가가 게걸음으로 횡보한다면 그 주식을 빌려주면서 대여 수수료를 챙기는 것이 그냥 들고 있는 것보다 남는 장사죠. 그런데 이런 연기금들은 안정된 대형주들만 보유합니다. 코스닥 소형주는 규정상 들고 있지도 못합니다. 그러면 여러분은 듣보 주식을 빌려줄 사람 찾느라 브로커에게 문의할 것이고, 브로커비용은 여러분이 내야겠죠.

그렇게 해서 대여자를 겨우겨우 찾았다고 칩시다. 그 주식 대여자는 여러분이 빌려달라는 말을 듣고 무슨 생각을 할까요? "공매도를 친다고? 그럼 뭔가 나쁜 소식이 있다는 거네? 그럼 나도 그냥 평소처럼 빌려줬다가는 손해 볼 게 뻔하잖아?" 그러면서 대여료를 올릴 수밖에 없습니다. 그렇게 판단하지 않더라도 여러분이 공매도를 하겠다고 생각할 때면 여러분과 비슷한 판단을 한 다른 투자자들도 경쟁적으로 공매도하려고 들 것이고, 주식을 빌리려는 수요가 올라가겠죠. 그러면 주식 대여료가 자연스럽게 올라갈 수밖에 없겠죠? 이게 심해지면 대여료가 주식 가격의 50%까지 뜁니다. 최근에 게임스톱 사태에서는 80%까지 갔다는 이야기도 들립니다. 그러면 여러분이 공매도해서 듣보 주식의 가격이 낮아져도 별로 이득이 없겠죠.

어쨌거나, 겨우겨우 듣보 주식을 빌려서 팔았다고 칩시다. 그다음에 가격이 내려가야 하는데, 반대로 올라가면 어떡하죠? 이건 아주 큰 문제입니다. 이론적으로 주가는 무한대로 올라갈 수 있어요. 그래서 천정부지로 올라간 상황에서 주식을 되사서 갚으려면 여러분의 손실도 무한대가 될 수 있다는 것입니다. 반면 주식을 샀을 때는 아무리 잃어 봐야 원금 100%만 날리면 끝입니다. 그래서 감당할 수 있겠냐는 말이 나오는 겁니다. 물론 근자감 높은 분들은 "나는 감당할 수 있어" 하겠죠.

예를 들어 여러분이 듣보 주식에 대해 합리적으로, 최고급 정보를 가지고 가치 추정을 해보았는데, 현재가는 10만 원이지만 적정가치가 2만 원밖에 안 되네요. 그렇다면 여러분이 지금 공매도를 한다고 당장 2만 원으로 내려갈까요? 여러분이 힌덴부르크 리서치처럼 "듣보 주가, 문제 있다!"고 언론사에 알렸다고 칩시다. 그러면 곧장 언론사에서 기사를 터트려줄까요? 영화 〈빅숏〉를 보면 서브프라임 모기지 CDO의 적정가가 형편없어야 한다는 것을 미리 알아채고, 이 값이 떨어진다는 데 베팅하는 신용부도스와프, CDS 투자자들이 나옵니다. 일종의 공매도죠. 그들 중에 브라운필드 캐피탈의 젊은 뱅커들이 재미있습니다. 2007년 초에 부동산시장에 부정적인 소식이 터지는 데도 CDO 가격이 떨어지기는커녕 더 올라가자 이들은 황당해하며 〈월스트리트 저널〉의 기자를 만납니다. "저 CDO들이 지나치게 고평가됐고 떨어져야 한다"며 기사를 올바르게 써달라고 호소하죠. 그러나 기자는 그 하소연을 들어주지 않습니다. 기자 입장에서는 당장 자신의 정보원인 제도권 은행가들을 화나게 하고 싶지 않으니까요. 이해관계 상충 말입니다.

이제 여러분이 분석한 결과를 유튜브에 올리거나 SNS를 통해서 퍼뜨린다고 칩시다. 몇 명이나 클릭하고 봐줄까요? 거의 안 봅니다. 보더라도 몇 명이나 동조해줄까요? 거의 계란으로 바위 치기죠. 이와 관련해서는 '노이즈 트레이더 리스크noise trader risk'라는 것을 알아두어야 합니다.

원래 이 용어는 TV와 관련된 전파공학에서 나왔는데, 전파로 보내지는 것은 두 가지로 구분됩니다. 영상을 만드는 시그널signal과 아무 의미 없는 노이즈noise죠. 투자자도 마찬가지로 중요한 정보를 제대로 아는 기관투자자들은 '시그널을 알아챈' 혹은 '정보를 가진' 투자자라고 합니다. 상어 같은 존재들로, 돈 냄새를 제일 먼저 알고 피도 눈물도 없이 거래해서 돈을 법니다. 반면, 그런 정보 없이 어중이떠중이 '같이 투자'하는 개미들을 노이즈 트레이더라고 합니다. 바닷속 정어리떼와 비슷해서 종종 상어한테 먹힐 수도 있죠. 하지만 항상 먹히기만 하는 건 아니어서, '노이즈 트레이더 리스크'는 '정어리 떼를 조심하라'는 경고입니다. 그게 뭔지 더 자세히 알아보겠습니다.

여러분의 분석이 아무리 정확해도, 그래서 공매도를 해도 여러분이 손해를 볼 수 있습니다. 노이즈 트레이더들의 '사자' 분위기가 대세라면 오히려 여러분이 공매도하는 동안 듣보 주식의 가격이 더 올라 손해가 엄청나게 커질 수 있습니다. 두 가지 이유가 있는데, 첫 번째로는 주식을 빌려준 사람이 갑자기 "내 주식 내놔!" 하면 무조건 주식을 되사서 갚아야 하기 때문입니다. 그게 일주일이 될 수도 있고, 1년 후가 될 수도 있죠. 그런데 하필 팔 때보다 오른 때라면 손해가 막심해지는 것이죠. 그리고 이 재구매는 가격 상승을 더 부추깁니다. 뒤에 나오는 폭스바겐 사례처럼요. 두 번째로는 그저 정어리떼처럼 몰려다니기만 하는 줄 알았던 노이즈 트레이더 혹은 개미 투자자들이 이제 SNS로 똘똘 뭉쳐 집단행동을 하게 되었다는 것입니다. 이것이 바로 2021년 1월에 게임스톱 사태를 불러왔습니다.

숏스퀴즈, 포르쉐의 폭스바겐과 헤지펀드들

여러분이 공매도를 했는데 주식을 빌려준 사람이 갑자기 들이닥쳐 되갚으라고 독촉하면 난리 난다고 했죠? 대표적인 것이 2008년 폭스바겐의 '숏스퀴즈short squeeze' 사태입니다. 영어로 '스퀴즈'는 치약이나 레몬 같은 것을 꽉 쥐어서 짠다는 의미죠? 공매도자를 쥐어짜다 못해 터져 죽게 만드는 상황이라는 것입니다.

포르쉐와 폭스바겐의 관계는 1930년대로 거슬러 올라갑니다. 1931년에 체코 출신의 엔지니어인 페르디난트 포르쉐Ferdinand Porsche가 스포츠카 회사를 만들고, 예쁘고 성능 좋은 스포츠카를 팔아 대박을 냅니다. 그랬더니 히틀러가 명령합니다. 그 자동차 기술로 국민들을 위한 대중적인 차를 만들어서 보급하라고, 그래서 나온 이름이 독일어로 국민volks 차wagen인 폭스바겐Volkswagen입니다. 이후 오랜 시간 동안 지분구조는 많이 변했지만, 포르쉐는 폭스바겐에 대해서 30% 정도의 지분을 가지고 있었고, 2000년대 중반까지 지분을 슬금슬금 올려 2008년 중반까지 폭스바겐의 지분 42.6%를 가지고 있었죠.

2008년은 모두가 기억하는 글로벌 금융위기 때입니다. 100년에 한 번 올까 말까 하는 위기이다 보니 자동차를 새로 사는 분이 많지 않았겠죠? 미국의 경우는 GM, 포드, 크라이슬러라는 빅 3업체 모두 부도가 나고, 구제금융에 들어갔습니다. 그러니 경쟁업체인 폭스바겐의 주가도 갈 곳은 바닥밖에 없겠죠. 그래서 우리 귀에도 익숙한 엘리엇매니지먼트를 비롯하여 앨버트브리지캐피탈Albert Bridge Capital 등 많은 헤지펀드들이 폭스바겐 주식을 공매도 칩니다. 누군가에게서 열심히 빌려다가 팔았다는 얘기죠? 2008년 10월 24일에는 상장한 전체 주식수의 12% 정도가 공매도로 팔린 상황이었다고 합니다.

그러나 이틀 뒤인 10월 26일 일요일 오후, 포르쉐가 폭스바겐에 대해 자신들의 충격적인 지분구조를 공시합니다. 기존의 42.6%에다가 추가로 며칠 이내에 약 31.5%의 콜옵션을 행사할 것이라고 말입니다. 그러면 결국 지분이 74.1 %까지 올라간 것과 같아져 시장에 유통되는 주식 수가 확 줄어듭니다. 문제가 뭐냐고요? 이미 폭스바겐 주식의 20.1%는 독일 작센 주정부가 소유하고 있었습니다. 그러니 다 합치면 94.2%가 꼼짝없이 묶이고, 시장에 유통되는 주식은 5.8% 정도만 남는 것입니다! 그럼 공매도 친 12%보다 적은데 어쩌죠?

월요일 아침부터 '지옥의 선착순'이 시작됐습니다. 빨리 주식을 사서 빌려준 사람한테 갚아야 살아남는 선착순이요. 그러니 폭스바겐 주식에 대한 수요가 확 뛰어오르고 가격은 폭등합니다. 그래서 230유로 정도였던 주식이 화요일에는 1,000유로를 찍습니다. 바로 그 순간 폭스바겐이 시가총액 기준으로 전 세계 최대 기업이 됩니다. 잠깐이지만 엑손모빌, 마이크로소프트 안 부러울 정도였죠.

어쨌든 그 순간 누군가는 울며 겨자 먹기로 폭스바겐 주식을 샀다는 얘기인데, 겨자 정도가 아닙니다. 공매도자는 400% 정도의 손실률을 기록했겠죠. 헤지펀드들이 총 300억 유로, 36조 원 정도 손해를 봤고, 이에 4억 유로을 잃어버린 세계 94번째 억만장자 아돌프 메클레가 이듬해 1월 향년 76세의 나이로 신변을 비관하여 자살로 생을 마감합니다. 이렇듯 공매도의 위험은 사실 상상을 초월합니다. 그러니 개미 투자자는 무작정 '기울어진 운동장'이라고 불평만 할 게 아닙니다.

그리하여 포르쉐는 이 와중에 100억 유로의 이득을 챙깁니다. 처음에 공매도자들이 주식을 빌릴 때 브로커인 증권사를 통해서 간접적으로 빌리는데, 증권사는 도대체 어디서 빌렸을까요? 오래전부터 포르쉐가 비밀리에 그 대여자 노릇을 해왔답니다. 단, 증권사에는 이것을 절대 누설하지 말라고 계약서에 사인을 받았고요. 그 바람에 나중에 '포르쉐의 본캐는 헤지펀드요, 부캐가 자동차 제조'라는 비난을 받기도 했고, 엘리엇 같은 헤지펀드 회사들로부터 소송을 당하기도 합니다. 하지만 포르쉐는 법률적으로 문제 될 것은 미리 다 피했다고 합니다.

게임스톱 사태로 보는 SNS와 주가 변동성

▷ SNS, 특히 '종토방(종목토론방)'에서 어떤 주식 관련 얘기가 오가면 그 주식의 주가에는 어떤 영향이 있는가에 대해서 많이들 궁금해했고, 캐나다 UBC 대학의 안트바일러Antweiler 교수와 미네소타 대학의 머레이 프랭크Murray Frank 교수팀이 2004년 〈저널 오브 파이낸스〉에 게재한 논문이 머신러닝을 통해서 이를 밝힌 바 있습니다. 그들은 야후파이낸스의 주식 종토방 레이징 불Raging Bull에서 다우존스 지수에 있던 45개 회사에 대해서 사람들이 올려놓은 메시지 150만 개를 다운로드 받아서 각각 '사자', '중립' 혹은 '팔자'인지를 분류합니다. 여기에 쓰인 방법은 기계학습에서 나온 '나이브 베이지언Naïve Bayesian'이라는 것입니다.

아무튼 분석결과, 종목토론방 메시지가 긍정이면 주가가 0.01% 정도 올라가는 정도로 아주 미미한 예측력만 있을 뿐이고, 주가 변동성만 커지더라는 것입니다. 누군가 A주식이 좋다고 하면 항상 반대하는 사람들 나오죠. 그런 것처럼 SNS를 통해서 서로 '사자'와 '팔자'가 더 격렬하게 부딪히다 보니, 그런 의견 충돌들이 더 큰 변동성으로 나타난다는 겁니다.

정보통신기술의 발달과 함께 SNS도 비약적으로 발전했죠. 그래서 종목토론방도 심층화되었습니다. 그럼 이 방들에서 얻을 수 있는 군중의 지혜Wisdom of Crowds도 깊이를 더했을까요? 코넬 대학의 황병현 교수 팀에 따르면 실제로 그렇다고 합니다.[16] 이 팀은 '시킹알파SeekingAlpha' 라는, 미국 최대의 투자 관련 토론 사이트에서 2005~2012년에 7,000개 회사에 대해서 포스팅된 97,070개의 글과 그에 딸린 46만 개의 댓글들을 텍스트 분석했습니다. 프랭크 교수 팀이 연구했던 2000년대 초반 야후 종목토론방은 메시지 길이가 20~50단어 정도였지만, 이제는 평균 675단어로 길어졌습니다. 댓글조차도 평균 82단어입니다. 시킹알파 포스팅에서 부정어의 비율이 1% 올라가면 추후로 60일까지 주가의 이상수익률이 평균적으로 0.379% 낮아지고, 다음 분기의 실적보고에도 기대에 못미치는 성과들이 발표되더랍니다. 스타가 되고 싶은 재야의 고수들이 쉽게 목소리를 낼 수 있게 되다 보니, 이들의 논의가 회사의 실적과 주가를 예측하는 데에 도움이 되는 겁니다. NYU의 바르토프Bartov 교수팀은 트위터 메시지들에 대해서도 비슷한 주가 예측력을 발견했죠.[17] 즉, 갈수록 SNS의 힘이 커지는 것입니다.

주식 게시판 '월스트리트 베츠'의 게임스톱 가즈아!

개미 투자자들의 소셜미디어 사이트인 레딧^{Reddit}의 주식 토론 게시판 월스트리트베츠^{WallStreetBets}에 '딥퍼킹밸류^{DeepF**kingValue}'라는 ID로 활동하는 키스 길^{Keith Gill}이라는 인플루언서가 등장합니다. 그는 매스뮤추얼 보험사 직원이자 CFA(공인재무분석사)였는데, 주경야독 아니 주경야튭으로 낮에는 회사에서 일하고 밤에는 유튜브에서 '로어링키티^{RoaringKitty}'라는 채널명으로 주식 개인 방송했습니다.

그의 ID 딥퍼킹밸류가 말해주듯, 가치투자를 표방하면서 저평가된 주식들을 발굴하고 분석하는 내용이 주를 이뤘죠. 그가 '게임스톱'에 주목했습니다. 당시 게임스톱은 가치주 기준에 들어갈 만했습니다. 게임스톱은 플레이스테이션 같은 게이밍 콘솔을 만드는 회사였는데, 한창 오프라인 매장 영업으로 승승장구하다가 스팀, 플레이스테이션 네트워크 등의 온라인 플랫폼이 시장의 중심에 서며 차츰 쇠락하고 있는 회사였습니다. 그래서 기존에 오프라인 소매 체인이 커서 이미 투자된 자산이 많고, 성장성은 적다 보니 PBR이 낮은 주식이었죠.

사실은 2019년 영화 〈빅숏〉의 주인공으로 유명한 마이클 버리가 "이회사 좋다"며 게임스톱 경영진에게 자사주 매입하라고 입김을 넣었을 즈음부터도 심상치 않았죠. 키스 길은 거금 5만 3,000달러(약 6,000만 원)을 투자합니다. 주식으로 5만 주, 그리고 2021년 1월까지 가는 콜옵션으로 500계약을 매수한 것입니다. 그러면서 9월 초에는 레딧에 "버리, 고마워. 내 투자금의 출발점을 올려줘서!"라는 포스팅까지 날리죠. 이후 자신의 유튜브에 게임스톱에 대해 긍정적인 평가를 올립니다.

"좋은 추억을 만들어준 게임 콘솔 소매 회사 아니냐?" 하면서 언젠가 이 회사가 돌아올 거라는 거죠. 뭔가 온라인 위주로 이후에 사업을 잘 진행하면요.

월스트리트베츠가 게임스톱의 미래에 대한 얘기로 달궈지는 와중에 게임스톱 경영진과 이사진에 상당한 변화가 일어납니다. 2021년 1월에는 라이언 코헨Ryan Cohen이라는 행동주의 투자자activist investor가 게임스톱 이사회에 영입되죠. 행동주의 투자자란 외부 투자자로서 수수방관하면서 돈만 대는 것이 아니라, 투자하는 만큼 기업의 경영에 깊숙이 관여하고 구조조정을 추진하는 투자자를 말합니다. 코헨은 2011년 '츄이Chewy'라는 온라인 동물사료 회사를 창업해 2017년에 '펫스마트PetSmart'에 34억 달러(약 4조 원)을 받고 팔았는데, 당시까지 이것이 전자상거래 기업 M&A로는 가장 큰 규모의 딜이었다고 합니다.

회사명도 '츄잉껌'의 그 '츄이'입니다. 이름처럼 씹기 좋은 사료라는 느낌이 팍 오는 브랜드죠. 그는 〈포춘〉에서 40세 이하 가장 촉망받는 경영인 40명 중 1명으로 꼽힙니다. 코헨은 억만장자가 되면서 게임스톱 주식을 9.98% 사들이고, 2020년 11월 21일경에는 CNBC에서 인터뷰를 하면서 게임스톱이 비디오 게임 산업의 아마존이 될 거라고 말합니다. 뿐만 아니라 게임스톱 경영진에게 서한을 보내서 전략을 온라인으로 대폭 수정할 것을 제안하죠. 결국 두 달 만에 이사진에 합류하게 됩니다. 이러한 일련의 소식들과 함께 월스트리트베츠의 개미들 사이에서 긍정적인 토론도 이어져 주가도 2020년에 10달러 선이었던 것이 2021년 1월 13일에는 31달러까지 올라갑니다.

"나는 반댈세!" 공매도 친 헤지펀드들의 SNS 방송

▷ 1월 중순, 게임스톱의 주가가 올라가자 이를 버블이라고 판단한 몇몇 헤지펀드들이 공매도를 칩니다. 대표적으로 멜빈 캐피탈Melvin Capital과 시트론 리서치Citron Research입니다. 위에서 주식을 공매도 쳤을 경우, 애로사항 중 하나가 노이즈 트레이더 리스크라고 했죠? 즉, 비이성적인 투자자들의 광기가 너무 강해서 버블이 없어지기는커녕 더 커지는 것입니다.

이런 걱정을 없애기 위해서는 투자자들을 설득해야 하는데, 그러기 위해서는 언론에 자신들의 의견을 공개해야 합니다. 하지만 때로는 언론사도 비협조적일 수 있죠. 그래서 공매도를 친 헤지펀드들은 적극적으로 유튜브 등 SNS를 통해서 직접 홍보도 합니다.

그래서 이 헤지펀드들도 그렇게 불특정 다수의 투자자를 대상으로 "난 이 주식 반댈세!" 하면서 1월 20일에 SNS 생방송을 합니다. 그것도 개미 투자자들을 "멍청이들suckers!"이라고 부르는 등 대단히 화나게 만들면서 말이죠. 월스트리트 뱅커들의 근자감 스웨그가 느껴지죠? 그중에는 이런 트윗도 있었습니다.

"게임스톱 주식을 지금 사는 사람들이 왜 멍청이인지 다섯 가지 이유를 내일 11시 30분에 라이브로 방송합니다. 누울 자리를 보고 발을 뻗었어야죠! 주가는 20달러로 곧장 내려갈 겁니다. 공매도 잔량에 대해서는 너님들보다 우리가 더 잘 아니까 들어라!"

그런데 이번에는 '누울 자리 보고 발을 뻗었어야' 할 쪽이 바뀌었습니다. 옛날 같으면 헤지펀드매니저의 으름장에 다들 겁먹고 주식을 팔았을 텐데, 그렇지가 않았던 겁니다. 그사이에 놀랍도록 핀테크가 발달해서 이들의 패가 실시간으로 공개됐거든요. 그리고 더 놀라운 것은 성난 개미들이 SNS를 통해서 조직적인 단결력을 보이는 불개미 세상이 된 겁니다!

핀테크 회사 S3 파트너스, 공매도 잔량을 실시간 트윗

미국에서는 최근 공매도 잔량을 공개하는 핀테크 회사가 등장했으니, 바로 S3 파트너스라는 회사입니다. 이 회사는 공매도 관련 금융 데이터를 제공하는데, 예측 애널리틱스 부문 디렉터인 이호르 두사니프

스키Ihor Dusaniwsky가 실시간으로 트윗을 날렸습니다. 게임스톱에 대한 공매도 잔고short interest를 이전부터 보여주고 있었죠. '공매도 잔고'란 투자자들이 공매도를 치고 나서 아직 주식을 되사서 갚지 않고 떠돌아다니는 주식수를 시장에 유통되고 있는 회사의 주식수로 나눈 것입니다.[18] 그런 만큼 주가가 떨어지기를 기다리며 혀를 날름거리는 공매도 세력의 규모를 보여줍니다. S3에 의하면 1월 27일 거의 공매도 잔량이 140%였고, 공매도 수수료가 38%에 이르렀다고 합니다.

우리나라는 공매도 잔량 정보를 한국거래소에서 공짜로 제공하는데, 실시간은 아니고 이틀 후부터 일자별로 확인할 수 있습니다. 그런데 미국은 사정이 더 열악해서 이런 데이터가 2주 간격으로 공시될 뿐이었죠. 기존의 학술연구에서는 '공매도 잔량이 많으면 그 회사에 뭔가 나쁜 소식이 있다는 것이니, 개미들은 팔아야 한다' 식의 결론이 많이 나왔습니다. 그런데 게임스톱 사태를 통해서 공매도 잔량이 역으로 공매도자들을 쥐어짤 수 있음을 보여주었죠. 그리고 S3 파트너스도 이를 활용해서 '숏스퀴즈 스코어short squeeze score'를 만들어서 제공한다고 합니다.

공매도의 승수효과

"세상에! 유통주식수의 140%를 공매도했다니, 이게 가능한 겁니까? 혹시 무차입 공매도를 했다는 건가요? 그러면 철컹철컹 아닌가요?" 이런 질문을 하는 사람이 많았습니다. 하지만 합법적인 차입 공매도만으로도 유통주식수의 100%를 넘길 수 있습니다. 이론적으로는 무한대로도 갈 수 있죠. 어떻게 그럴까요? 바로 승수효과 때문입니다. 거시경제학에서 말하는 돈의 승수효과를 생각하면 됩니다.

예를 들어 주주 A한테 1주를 빌려 B가 공매도로 팔았고 그 주식을 산 C가 또 D에게 빌려줘서 D가 공매도를 한다면, 움직인 주식은 1개지만, 공매도 주식수로 기록되는 건 2주입니다. 특히 아직 B도, D도 주식을 되갚지 않았다면 말이죠. 이 상황에 A와 C가 B와 D에게 "내 주식 도로 내놔" 하고 독촉한다면 빌린 1주를 사서 갚기 위해 B와 D가 동시에 달려드는 형국이 됩니다. 물론 공매도를 할 수 있는 주식은 대개 시장에 유통되는 물량이 많은 대형주의 주식일 테니 그리 큰 걱정은 없겠지만요. 1개의 주식이 주인을 바꾸는 유통속도와 '숏스퀴즈 승수효과'의 문제로 볼 수 있습니다.[19]

주식이 블록체인처럼 유통과정의 역사를 다 기록하지 못하니, A나 C는 자기가 "갚아라" 하고 요구하는 그 주식이 결국 같은 주식인지 아닌지도 모릅니다. 당연히 그건 그들이 알 바가 아니기도 하죠. 혹여 유동성 없는 종목에서 때때로 초단타 매매까지 복합된다면, 유통속도 증가로 공매도 물량도 엄청나게 늘어날 수도 있습니다. 그리고, 갑자기 그게 다 스퀴즈에 걸려버리면 엄청난 폭발력으로 주가가 치솟아 터질 수도 있겠죠.

그러고 보면, 앞으로는 레딧 같은 SNS를 통해 개미 투자자들의 조직적인 게릴라전이 뜻밖에 곳곳에서 파장을 일으킬 수 있습니다. 전에는 이런 조직력이 없어서 기관투자자들에게 그다지 위협이 안 됐지만, 이제는 신경을 좀 더 써야 한다는 뜻이죠. 그래서 요즘은 투자은행들도 SNS 전문가를 영입하기 시작했다고 합니다.

공매도자를 응징하는
지구촌 개미들의 감마스퀴즈

▷ S3 파트너스를 통해 상대방의 패를 보게 된 개미들이 월스트리트베츠를 통해 대동단결하기 시작합니다. 숏스퀴즈를 내버리면 헤지펀드 망하겠다는 여론이 결집되고, 게임스톱 주식에 대한 콜옵션까지 모조리 사서 '감마스퀴즈gamma squeeze'라는 것까지 시도합니다.

감마스퀴즈가 뭘까요? 앞에서 설명했듯이, '콜옵션'은 싼값에 주식을 살 수 있는 권리입니다. 예를 들어 여러분이 산 콜옵션이 앞으로 한 달 후에 게임스톱 주식을 30달러에 살 수 있는 권리라 칩시다. 주가가 올라가 그 시점에 100달러가 되면 여러분은 70달러 이득이죠. 문제는 여러분한테 콜옵션을 판 은행들입니다. 이들은 그 시점에 100달러에 주식을 사서 여러분한테 30달러만 받고 팔아야 하거든요. 70달러 손해 죠. 한 달 내로 그 꼴 날 것이 뻔해 보이면, 얘네들도 주가가 더 올라가기 전에 물량 확보를 해야겠죠? 그래서 지금 매수세에 동참하는 것입니다. 그러면 안 그래도 숏스퀴즈로 주가가 치솟는데, 콜옵션을 판 은행들의 매수까지 추가되어 더욱 가속도가 붙습니다. 주가가 엄청나게 올라가겠죠? 이것을 감마스퀴즈라고 합니다.

그러면서 개미들만 사는 게 아니라, 억만장자들이나 다른 펀드들도 피라냐처럼 달려들어 돈을 법니다. 페이스북 부사장을 지내고 벤처캐피탈 대표를 하는 차마스 팔리하피티야도 콜옵션을 샀다고 트윗을 날렸죠. 거기에 또 크게 한 방을 날리는 분이 등장합니다.

일론 머스크, "게임스통크!"

여기서 갑자기 그동안 공매도자들한테 한 맺힌 게 많았던 테슬라의 일론 머스크가 트윗을 날립니다. "게임스통크!" '스통크'는 군사용어로 '폭격'입니다. 공매도한 헤지펀드를 향해 "게임스톱으로 전군 폭격하라!"는 뜻이죠.

그리고 이 와중에 우리나라 동학개미들은 바다 건너 서학개미로 활약하다 못해 게임스톱 주식을 무더기로 사고, 심지어 테슬라보다도 이 주식에 더 많은 돈을 쏟아부었다고 합니다. 물론 우리 국민만 이런 열성을 보인 것은 아닙니다. 인구 13억의 두 나라 중국과 인도가 있죠. 이 두 나라의 개미 투자자들 역시 바다 건너 게임스톱에 쏟아부었다는 보도가 〈블룸버그〉에 나오기도 했습니다.

덕분에 30달러이던 게임스톱 주가는 1월 28일, 483달러까지 치솟습니다. 멜빈캐피탈은 37억 달러, 약 5조 원의 손해를 보고 파산합니다. 시트론리서치의 앤드류 레프트는 굴욕적인 유튜브 방송으로 백기를 듭니다. 더 이상 공매도를 위한 리서치를 발표하지 않겠다면서요.

정말 개미들에게는 계획이 다… 생기는 걸까요? 이렇게 공매도자들의 패가 만천하에 까지는 상황이니, 그걸 쳐다보고 있는 반대편에서는 이를 역이용해서 숏스퀴즈를 만드는 공격을 시도할 수 있겠죠. 2008년 폭스바겐 사례에서 포르쉐 경영진의 계획을 살펴봤다면, 게임스톱 사태에는 누구에게 어떤 계획이 있었던 걸까요?

개미들이 사익 편취를 위한 주가조작을 했다고 할 만한 증거는 잡히지 않습니다. 그저 저 주식이 좋아서 샀고, 그걸 꽉 쥐고만 있었으니까요. 대신 개미들의 집단지성이 공매도를 친 헤지펀드에게 실질적으로 '계획'에 준하는 위험요소를 만들더라는 것을 처음으로 알게 된 사건이었습니다. 그걸 촉발하지 말아야 한다는 교훈을 남겼고요.

재미있는 것은 게임스톱이 뜨면서 30~40대 미국 사람들이 추억 소환하기에 좋은 회사들 몇 개가 동시에 월스트리트베츠에서 거론이 됩니다. 영화관 체인 AMC라든가, 아이폰 이전 '손 안의 컴퓨터'로 불린 블랙베리 전화기 회사도 인기를 끌기 시작합니다. 이 회사들도 게임스톱처럼 좋은 '가치주'라는 주장이죠. 그리고 특히 레딧에서 젊은이들은 군이 말로 길게 설명하기보다 각종 움짤이나 사진 등의 밈meme을 통해서 우스꽝스럽게 퍼뜨리고 열광합니다. 그래서 이렇게 유행되는 주식들을 '밈스톡meme stock'이라고도 합니다.

대표적인 밈은 '관짝 댄스' 같은 것이 있는데, 아프리카 가나의 장례식을 패러디해 만든 영상이 유명합니다. 그중 게임스톱 관련한 영상에는 멜빈 캐피탈 헤지펀드가 관의 주인공이고, 여기에 한몫한 레딧, 월스트리트베츠, 일론 머스크, 게임스톱이 그의 관을 짊어진 것으로 패러디됐죠. 2012년 강남스타일이 유행일 때는 단체로 플래시 몹을 만들었다면, 이제는 밈이 최소의 비용으로 최대의 효과를 내고 있습니다.

로빈후드, 니가 왜 거기서 나와?

게임스톱을 비롯한 밈스톡 가격이 숏스퀴즈로 인해 천정부지로 가격이 올라가는 상황에서 대형사고가 하나 터집니다. '월가의 탐욕에 맞서 개미들을 위한 금융민주화'를 외치며 개인투자자들을 위한 무료 증권투자 앱을 제공해 오던 '로빈후드'가 그 주인공입니다. 로빈후드 앱이 갑자기 게임스톱을 비롯해서 AMC, 블랙베리 등 숏스퀴즈와 관련된 밈스톡 종목들에 대해서 1월 28일에 매수(buy) 버튼을 없애고 매도(sell) 버튼만 살려둡니다.

"개미들아, 사서 가격 더 올리지 말고, 팔아서 가격 낮추는 데 일조해라" 하는 거죠. 아니, 팔긴 뭘 팝니까? 혹시라도 전에 더 비싼 값에 산 사람들은 지금 억지로 팔면서 울며 겨자 먹기로 손해 보라고요? 그동안 로빈후드는 사고파는 주문을 낼 때 게임하듯 팡팡 터지면서 주식하는 재미를 극대화하는 등 재주를 많이 부리던 회사였거든요.

이게 무슨 일이죠? 사자 버튼이 없어지면 가격 상승이 느려지므로,

숏스퀴즈가 둔화되고, 공매도 친 헤지펀드들을 보호해주는 효과가 생깁니다. 그래서 사람들은 로빈후드가 헤지펀드와 한통속이라서 이런 만행을 저지른 거 아니냐고 의심하게 됐습니다.

로빈후드의 CEO 블라드 테네프Vlad Tenev는 2021년 2월 18일 미국 하원 청문회에서 사과하면서 변명합니다. "NSCC(주식거래정산소)가 로빈후드에 의무예치금을 30억 달러(약 3조 3,000억 원)씩이나 갑자기 올려서 그럴 수밖에 없었다"는 것입니다. 유튜버 '슈카월드'의 해석에 의하면 매수, 매도 주문이 체결된 뒤 2영업일 후에 주식이 계좌에 들어오다 보니, 그사이에 가격변동이 극심하면 문제가 될 수 있다는 겁니다. 지금 고가에 샀다가 1일 후에 가격이 반토막 나면 증권사가 돈을 제대로 못 낼 우려가 있겠죠. 그래서 변동성 큰 주식에 대해서는 증권사에 '이거 매수할 거면 예치금을 많이 내라'는 요구를 한다는 겁니다.

아무리 그래도 고객한테 아무 얘기도 안 하고 일방적으로 매수 버튼을 없애는 것은 그야말로 대형사고죠. 어떠한 상황에서건 경영은 투명한 커뮤니케이션이 핵심입니다. 아직 이 사태에 대해서 결론이 나지 않았고 조사가 진행 중입니다만, 테네프를 좋게 봐주자면 역사가 짧은 신생 핀테크 기업이다 보니 경험 부족으로 급박한 상황에 제대로 대처하지 못한 것으로 생각할 수 있습니다.

하지만, 테네프의 커리어가 어땠는지와 HFT라는 것에 대해서 알면 알수록 합리적인 의심이 강해집니다. 개미 투자자가 로빈후드 앱을 통해 사자 혹은 팔자 주문을 내면 그것을 로빈후드가 직접 사고파는 게 아닙니다. 미국 증권시장 핵심부에서 도매로 거래하는 소수의 인싸 증권사들이 있습니다. 이들을 '시장조성자market maker'라 하고 로빈후드는 여러분들 같은 소매 고객들로부터 받은 주문을 이들에게 맡겨서 거래가 이루어지도록 합니다. 로빈후드 입장에서는 이들에게 경쟁을 붙여가며 골고루 주문을 할당해주는 것이 좋겠죠. 하지만 그들은 시타델 증권Citadel Securities에 절반 이상을 몰아줘왔습니다.

문제는 로빈후드의 비즈니스 모델입니다. 로빈후드는 거래 수수료를 받지 않으니 다른 곳에서 돈을 벌어야겠죠? 그래서 로빈후드는 고객들의 거래 데이터를 팝니다. 개미 투자자들의 거래행태를 세밀하게 파악해서 이를 이용해 돈 벌 구석을 찾고자 하는 헤지펀드들한테죠.

특히 초단타 매매 혹은 알고리즘 트레이딩을 하는 헤지펀드들입니다. 로빈후드의 거래를 도맡아 처리해주는 시타델 증권은 2001년에 켄 그리핀Kenn Griffin이 만들었지만, 사실 그는 1990년에 헤지펀드 시타델 Citadel LLC을 창립한 것으로 더 유명합니다. 그리고 세계 10위인 이 헤지펀드는 공매도 전문으로 유명하며, 앞서 로빈후드 사태로 엄청난 손실을 본 멜빈캐피탈에 긴급 자금수혈을 해준 것으로 알려졌습니다. 멜빈의 창립자 가브리엘 플롯킨은 2001년에 시타델 헤지펀드에서 일했었죠.

그뿐 아닙니다. 로빈후드는 개미들의 거래 데이터를 허락도 없이 다른 헤지펀드에 팔았고, 그로 인해 2020년 말에 미국 증권감독원에 711억 원의 벌금을 냈습니다. 그것도 벌금 내기 직전에서야 모든 사실을 털어놔서 사용자들에게 큰 실망을 안겼죠. 적어도 커뮤니케이션이 엄청 부족하고, 법적으로도 윤리적으로도 문제가 많은 회사라는 것을 알 수 있죠. 그리고 CEO 테네프는 로빈후드를 창업하기 3년 전인 2010년에 셀레리스Celeris라는 초단타 매매 전문 회사를 창업했고, 2011년에는 알고리즘 트레이딩 소프트웨어를 만들어 파는 크로노스리서치Chronos Research를 창업했습니다.

그러고 보면, 세상에 믿을 놈 하나 없다는 말이 생각납니다. 이게 금융 민주투사입니까? 금융위선자라 해야 하지 않을까요? 로빈후드는 사건 직후 집단소송을 당했다고 합니다.

그리고 개미들에게 호되게 당한 시트론은 이 사태 이후로 다시는 공매도 보고서를 내지 않겠다고 항복 방송을 합니다. 펀드들은 20조 원 정도 손실을 봤다고 하고요.

키이스 길이 쏘아 올린 작은 공

2021년 8월 현재 게임스톱의 주가는 160달러에서 비교적 안정되게 오가고 있습니다. 숏스퀴즈 사달이 나기 전에 10달러 밑에서 빌빌거리던 것에 비하면 상전벽해라고 할 만한 상황이죠.

긍정적인 뉴스도 발표됩니다. 2021년 2월 CFO 짐 벨Jim Bell이, 4월에는 CEO 조지 셔먼George Sherman이 사임하고 새로운 경영진으로 채워집니다. 4월에는 츄이에서 일하던 스타 경영인 라이언 코헨Ryan Cohen이 이사회 의장으로 선출되고, 아마존에서 일하던 맷 펄롱Matt Furlong과 마이크 리쿠퍼로Mike Recupero가 각기 CEO와 CFO로 선임됩니다. 또한 5월 말부터는 이더리움 블록체인 기반의 NFTNon-Fungible Token 플랫폼 사업을 시작하겠다고 발표했습니다. 이를 통해서 게이밍 산업의 아마존이 되겠다는 계획인데요. 물론 구체적으로 어떻게 사업을 구상할지는 더 두고 봐야겠습니다.

일단 전자상거래 회사로 환골탈태 시켜본 경험이 있는 라이언 코헨 회장에 대한 기대가 주가에 반영되고, 블록체인 기술을 활용한다고 해서 더욱 기대도 큰 것 같습니다. 과거의 비즈니스 모델로 지지부진했던 회사가 키이스 길이라는 개인투자자의 SNS 미디어 홍보전 이래로 일련의 사태를 거치면서 미래지향적인 회사로 거듭나는 과정도 아마 경영의 역사에 전대미문의 일일 것입니다. 이제는 SNS로 개인투자자들이 응집력을 발휘해서 공매도하는 헤지펀드를 골탕 먹일 뿐만 아니라 경영전략에도 실질적인 변화를 이끌 수 있다는 것이 놀랍습니다.

NFT에 대해 간단히 말씀드리면, NFT는 '대체불가능 토큰'의 약자로, 어떤 전자파일에 대해서 고유하게 '이것이 당신 소유다'라는 것을 입증해주는 블록체인 기반의 자산입니다. 원래 컴퓨터 파일이라고 하는 것이 늘 하나 만들어지면 무한히 복제가 가능하죠. 그래서 편한 것도 있지만, 반면에 어떤 의미 있는 파일에 대해서는 '이게 나만의 것이다'라는 것을 인정받을 방법이 막막했었습니다. 그런데 블록체인 기술로 그것을 가능하게 해준다는 겁니다. 블록체인의 사기 방지 기술 덕분이죠. 비트코인을 보면 같은 1비트코인 단위의 화폐를 주고받더라도, 주고받을 때마다 파일에 기록이 쌓여가면서 사람들 손을 거칩니다. 그래서 아무리 날고 기는 해커도 거래의 역사를 거스르거나 없었던 거래를 있었던 것처럼 만들어 사기 칠 수 없죠. 그래서 그런 암호화 기술을 여러 전자적 자산에 응용한 것입니다. 예를 들어 트위터의 CEO 잭 도시Jack Dorsey가 최초로 보냈던 트윗의 경우 250만 달러(약 30억 원)에 팔렸다고 하죠.

관상, 그 화룡점정에 관하여

▷ '화룡점정'이라고, 그림에서는 마지막에 눈을 찍는 순간이 가장 중요하다고 하는데, 대중서의 경우 용의 눈이라 하면 아마 제목이지 싶습니다. 평생 학계에서 논문만 쓰던 사람이 대중서를 쓰려니, 그 문법이 또 다르다는 것을 나이 오십에 배우기 시작했어요. 그런 만큼 이 분야의 최고 전문가분들에게 온전히 맡기는 것이 낫겠다고 판단했습니다. "제발 제목에서 '관상'만은 빼!!!" 집사람의 성화에도 불구하고 책 제목을 출판사의 추천대로《부자, 관상, 기술》로 정한 이유이지요. 아무래도 본능적으로 사람들의 눈길을 끄는 것이 사람에 관한 것, 그중에서도 얼굴에 관한 것일 테니까요. 그리고 솔직히 제가 이쪽 연구 논문을 써서 과분하게도 국제 저널에서 상도 받아 보고, 미국 방송에까지 출연해 봤으니, 저로서는 이것으로 저를 기억해주셔도 웬만큼 괜찮겠다고 생각했습니다.

아! 드디어 쉰의 나이에 평생의 첫 책을 냈습니다. 사실 그동안 '핀 테크와 행동재무' 시간에 강의 자료로 직접 써왔던 것들이 제가 보기에 워낙 재미있고 매력적이라 글 뭉텅이를 모조리 보냈더니, 출판사에서 절반으로 뚝 짤라 지금 엮인 이 부분들만 대중서로 내자고 하시더군요. 저는 늘 제 과목이 금융경제, 아니, 경제경영 분야에서 가장 쉽고 보편적으로 공감되는 줄로 알았거든요. 하지만, 이마저도 백면서생의 착각이었던 겁니다. 여전히 절반 정도는 사전지식 없이 보기 부담스러운 내용이었던 거죠. 순간, 그동안 제 수업을 들었던 그 많은 학생이 주마등처럼 떠올랐습니다.

아… 이제 그들의 고생이 눈에 밟혔습니다. 그래도 그 고생만큼 많은 것을 배우셨기를. 평생 유용하게 써먹으시기를. 그리고 여러분의 앞날에 영광이 있으시기를 바랍니다. 마찬가지로 이것을 읽어 주신 모든 독자님께도 깊이 감사드립니다. 제 부족한 식견과 필력에도 불구하고 마지막 페이지까지 읽어 주셨으니, 넙죽 절이라도 드리고 싶습니다. 제가 워낙 잡설이 많아서 '닥터파이낸스DoctorFinance'라는 블로그도 하고, 유튜브 채널도 나름 운영하오니, 거기서 소통을 해주셔도 감사하겠습니다. 출판사에 드렸던 그 나머지 원고들은 어찌할 건지도 생각해 볼 수 있을 정도로 이 책부터 많은 호응을 얻어 봤으면 하는 마음이 간절합니다. 하지만, 그렇게 호응을 얻지 못하더라도 감사합니다. 태어나서 남 눈치 보지 않고 그야말로 미친 듯이 제 하고 싶은 연구를 실컷 하고, 그 결과를 엮는 기회가 되었으니까요.

감사의 말씀

오랜 세월 저를 위해 고생해주신 아버님 김수곤 교수님, 돌아가신 어머님 고 이윤우 여사님께 감사드립니다. 또, 집에서 늘 저를 위해 기도하고 냉철한 조언을 아끼지 않아 준 이소윤 여사와 두 딸 혜미 혜령이, 제가 오롯이 공부에 몰두할 수 있도록 기도해주시고 도와주신 영아 누님과 자형 이종구 교수님께 감사합니다. 보수적인 학계 분위기를 거슬러 엉뚱한 연구만 하는 저를 뽑고 지지해주신 성균관대 경영대의 최종범 교수님, 안희준 학장님, 박영규 교수님, 송교직 교수님 이하 모든 교수님, 그리고 싱가포르 난양공대의 강준구 교수님께 깊이 감사의 말씀을 올립니다.

은사님이신 장대련 교수님, 박헌준 교수님, 정구현 교수님, 이진규 교수님, 구성렬 교수님, 부족한 졸저임에도 불구하고 추천사를 재미있고 강력하게 써주신 서울대 이관휘 교수님, 홍춘욱 박사님, 천영록 두물머리 대표님, 강환국 작가님께 깊이 감사드립니다. 첫 책의 출판을 위해서 여러 조언을 해주신 쌤앤파커스의 박현조 에디터님, 김범수 과장님, 김형필 전 실장님께 깊이 감사드립니다. 출판을 위해 힘을 북돋워 주신 명지대 박대권 교수님, 시대전환 조정훈 의원, LPK 로보틱스 심태호 대표님께도 감사합니다.

AI의 허와 실에 대해서 일깨워주신 카이스트 이재훈 교수님, 미국 주식시장에서 온갖 몸짓과 고성으로 주식을 사고파는 오픈 아웃크라이 거래방식이 얼마나 공격적이고 전쟁터 같은지를 알려주시고 조언해주신 성균관대 신영석 교수님, 늘 조언을 아끼지 않고 제목 아이디어도 제안해주신 장영봉 교수님, 커뮤니케이션이 얼마나 중요한지를 가르쳐준 조셉^{Joseph Kim} 교수님, 한국 CEO들 얼굴의 남성성 관련해서 추가 분석을 해주신 명지대 박준호 교수님, 그리고 롱비치 캘리포니아 주립대학의 신호종 교수님, 미시건 주립대학의 강민정 교수님께도 감사드립니다.

늘 헤지펀드 업계의 인사이트를 나눠주시고 저와 함께 학생들을 잘 지도해주신 홍콩폴리텍 대학의 최형규 교수님, 인베스코^{Invesco}의 성창환 박사님, 연구가 어려울 때 도와주신 이용완 박사님과 건국대 김형석 교수님도 감사합니다. 박사과정 때부터 의리 하나로 어려운 작업을 수도 없이 도와준 노스다코타대의 최영재 교수, 마이크로소프트의 강동연 엔지니어, 싱가포르에서 도와줬던 존^{Jon Lin}을 비롯해 많은 RA들, 특히 네이버의 김재균 님, 성균관대에서 RA로 도와줬던 KT의 박수현 님, 카카오의 이동 건님, 삼성전자의 전태훈 님, 네이버의 김태우 님, 카뱅크의 홍민우 님, 글로보^{Glovo}의 정수민 님을 비롯한 수많은 졸업생과 학생들에게 고맙다는 말씀을 전합니다. 오른손 사진 공유를 흔쾌히 허락해주신 BA 지노믹스의 김병기 대표님과 김준래, 그리고 J 원우님께도 깊은 감사의 말씀을 전합니다.

단풍이 붉게 물든 비원을 내려다보며
김영한 교수 올림

01   Coates, J. M., Gurnell, M., & Rustichini, A. (2009). Second-to-fourth digit ratio predicts success among high-frequency financial traders. Proceedings of the national academy of sciences, 106(2), 623-628.

02   https://journals.sagepub.com/doi/full/10.1177/0956797611418838

03   https://onlinelibrary.wiley.com/doi/full/10.1111/1475-679X.12065

04   https://psycnet.apa.org/record/2016-60831-001

05   https://onlinelibrary.wiley.com/doi/full/10.1111/eufm.12175

06   https://azure.microsoft.com/en-us/services/cognitive-services/face/

07   스티브 디막 교수팀의 논문으로 <JFE>에 2012년에 게재.
      https://www.sciencedirect.com/science/article/pii/S0304405X12000037

08   https://www.sciencedirect.com/science/article/pii/S0191886998002724?-casa_token=VCSVs-CUHBgAAAAA:J4xhtc-F9RD79ymB1U4lUoLrcl2jtpT4X-8KqCXZKTgivnxJaxgc5EuTlxjGyeUsP2vjEs_rocfk

09   Puts DA, Hodges CR, C·rdenas RA, Gaulin SJC (2007) Men's voices as dominance signals: vocal fundamental and formant frequencies influence dominance attributions among men. Evolution and Human Behavior 28: 340-344.

10   Mayew, W., Parsons, C., Venkatachalam, M., 2013, CEO Voice pitch and the labor market success of male chief executive officers, Evolution and Human

Behavior 34 (4), 234-248.

11 Kang, M., Kim, A., Park, S., 2020. The Voice of Risk:Wall Street CEOs' Vocal Masculinity and the 2008 Financial Crisis. SKKU Working paper https://www.researchgate.net/publication/337814173_The_Voice_of_R⌐isk_Wall_Street_CEOs'_Vocal_Masculinity_and_the_2008_Financial_Crisis

12 Elliot, A., Fairchild, M. D., Franklin, A., 2018. Handbook of color psychology, ISBN 9781107618398.

13 Changizi MA, Zhang Q, Shimojo S (2006) Bare skin, blood and the evolution of primate colour vision. Biol. Lett. 2(2):217-221.

14 Khan SA, Levine WJ, Dobson SD, Kralik JD (2011) Red signals dominance in male rhesus macaques. Psychol. Sci. 22(8): 1001-1003.

15 Regulation and Financial Disclosure: The Impact of Plain English, with Tim Loughran, Journal of Regulatory Economics, 45:1, 2014, 94-113.

16 유통주식수는 발행주식수보다 적거나 같습니다. IPO할 때 대개의 경우 대주주들은 자기 지분을 그대로 유지하고 싶어 하기 때문에 일부만을 시장에 불특정 다수의 투자자들에게 팔 뿐입니다. 이때에 팔겠다고 내놓는 주식들이 시장에서 유통되는 것이라고 해서 유통주식수라고 합니다.

17 한국금융연구원의 2008년 보고서에서도 "현행 규정 하에서도 공매도자들은 먼저 차입주식을 지정하도록 돼 있으나, 주식 보유자와 실질적인 계약을 체결하지 않고 있을 뿐만 아니라, 동일 주식에 대해 복수의 거래자들이 차입지정을 할 수 있어서 공매도 포지션 설정에 과도한 승수효과가 나타나고 있다."고 보고했습니다.

Kumar, Alok, 2009, Who gambles in the stock market? The Journal of Finance, Volume 64, Issue 4, 1889-1933. https://onlinelibrary.wiley.com/doi/abs/10.1111/j.1540-6261.2009.01483.x

Mackintosh, James, 2021, "When Investors Forget Fundamentals, the Market Is Broken; Best explanation for how stocks have moved so far this year is the raw price of the stock, an almost meaningless number." Wall Street Journal, Online, NY, January 19.

김영한

성균관대 재무전공 교수. '미디어가 주가 버블에 미치는 영향'과 'CEO의 심리-생물학적 특질이 주가 변동성 및 인수합병 성향에 미치는 영향' 등의 연구를 해왔다. '핀테크와 행동재무' 등의 과목으로 수차례 우수강의상을 받았다. 행동재무의 지식을 전파하고자 유튜브 '닥터 파이낸스' 채널을 운영 중이다. 미국 기자들과 맞춤을 추면서 진행한 인터뷰가 블룸버그 TV와 전미공영방송 PBS 시사교양 프로그램에 방송된 바가 있다.

1999년 연세대 경영학과를 졸업하고, 뱅크오브아메리카 서울지점 기업금융 심사부에서 근무했다. 이후 미네소타주립대 칼슨경영대에서 공부하며 2009년에 박사학위와 MBA를 취득한 직후, 2015년까지 싱가포르 난양공대 경영대학에서 교수로 근무했다. 2015년부터 지금까지 성균관대 경영대학 재무전공 교수로 재직 중이다. 2019, 2020년에는 글로벌경영학과장직을 역임했다.

부자, 관상, 기술

2021년 12월 8일 초판 1쇄 발행

지은이 김영한
펴낸이 김상현, 최세현 **경영고문** 박시형

책임편집 박현조 **디자인** 박선향
마케팅 양봉호, 양근모, 권금숙, 임지윤, 이주형, 신하은, 유미정
디지털콘텐츠 김명래 **경영지원** 김현우, 문경국
해외기획 우정민, 배혜림
펴낸곳 (주)쌤앤파커스 **출판신고** 2006년 9월 25일 제406-2006-000210호
주소 서울시 마포구 월드컵북로 396 누리꿈스퀘어 비즈니스타워 18층
전화 02-6712-9800 **팩스** 02-6712-9810 **이메일** info@smpk.kr

ⓒ 김영한 (저작권자와 맺은 특약에 따라 검인을 생략합니다)
ISBN 979-11-6534-431-3 (03320)

쌤앤파커스(Sam&Parkers)는 독자 여러분의 책에 관한 아이디어와 원고 투고를 설레는 마음으로 기다리고 있습니다. 책으로 엮기를 원하는 아이디어가 있으신 분은 이메일 book@smpk.kr로 간단한 개요와 취지, 연락처 등을 보내주세요. 머뭇거리지 말고 문을 두드리세요. 길이 열립니다.